Rejuvenecer
en 10 minutos

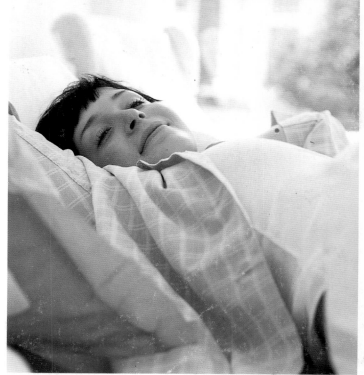

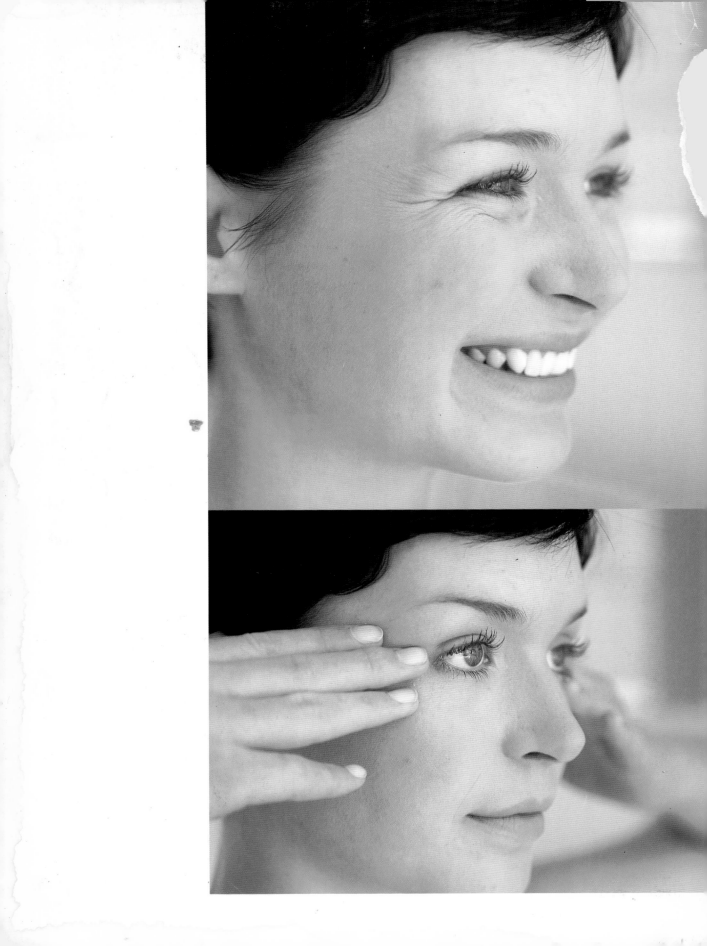

Rejuvenecer
en 10 minutos

Tessa Thomas

Editora ejecutiva: Jane McIntosh
Editora de proyectos: Catharine Davey
Editora: Nicola Hodgson
Director creativo: Keith Martin
Editor de arte ejecutivo: Geoff Fennell
Fotógrafo: Bill Reavell
Estilista: Claire Hunt
Controladora de producción: Lisa Moore

Traducción: Esther Roig
Edición de la versión española:
Carmen de Celis
Maquetación: Mercedes Rosell

Publicado por primera vez en Gran
Bretaña en 2000 por Hamlyn Octopus,
un sello de Octopus Publishing Group
Limited, 2-4 Heron Quays, Docklands,
Londres E14 4 JP

© de la versión inglesa: 2000,
Octopus Publishing Group Limited

© de la versión española: 2000,
RBA Libros, S.A.

Ref.: IL-1 / ISBN: 84-7901-589-6

Impreso en China

Nota: *El masaje y los ejercicios faciales no deben considerarse sustitutos del tratamiento médico profesional; cualquier tema relacionado con la salud ha de consultarse a un médico, sobre todo en relación con cualquier síntoma que exija diagnóstico o atención médica. Es necesario ser prudente durante el embarazo, sobre todo en el uso de aceites esenciales y puntos de digitopuntura. Los aceites esenciales no deben ingerirse, y sólo se han de utilizar en bebés y en niños siguiendo las instrucciones de un profesional.*

sumario

importancia
de la cara

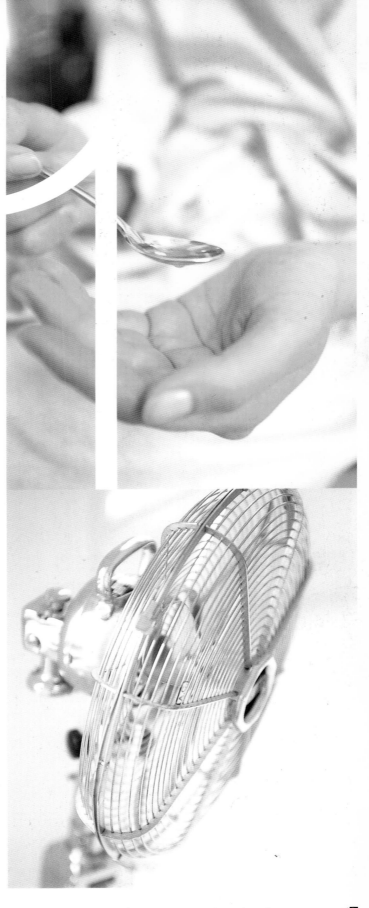

las verdades de la cara

La cara no ocupa demasiado espacio. De los dos metros cuadrados de piel que envuelven el cuerpo, el porcentaje que cubre la cara representa sólo un 4,5%. Sin embargo, atrae más atención, genera más preocupación y fomenta más empresas comerciales que ninguna otra parte del cuerpo. Se gastan al año grandes sumas de dinero en productos para el cuidado de la piel, entre los que destacan cremas solares y anticeluliticas, lociones corporales y tonificantes. A pesar de su superficie desproporcionadamente pequeña, más de la mitad de ese dinero se gasta en productos para la cara.

No obstante, este desequilibrio es comprensible: cada rostro cuenta una historia. Como la cubierta de un libro, anuncia la narración interior. Los rasgos únicos que desarrolla una cara a través de la herencia y la experiencia, ya sean arrugas de expresión u ojos caídos, ofrecen una variedad de ideas acerca de la vida interior de su dueño.

En algunas culturas su significado va más allá. Para los japoneses, en la cara se encuentran muchos de los puntos de digitopuntura con los cuales se activa y canaliza la energía. Los chinos conceden gran importancia al antiguo arte de la «lectura facial», según la cual los rasgos y la piel de la cara reflejan el estado de los órganos vitales del cuerpo. Los seguidores de la disciplina india del ayurveda sostienen que uno de los siete canales de energía del cuerpo está en la mandíbula. Los occidentales quizá no tengan un sistema formal, pero tampoco pueden resistirse a realizar su propio análisis, consciente o no. «No recuerdo ningún nombre, pero nunca olvido una cara», es un dicho universal.

Sea cual fuere el punto de vista, nuestra cara se interpreta como la representación más gráfica de la persona que hemos sido y que somos, en cuerpo y alma. No obstante, está claro que revela nuestra edad. Con el paso de los años, la foto de cubierta del libro no es tanto un dibujo como un grabado con arrugas, pliegues y bolsas. La parte más pública de nuestra piel envejece más rápidamente que las demás.

¿Cómo podría ser de otro modo? La piel es el único órgano visible del cuerpo y la cara es la parte más expuesta. Siempre abierta a los elementos, registra el paso de las estaciones.

La cara es también la parte más expresiva del cuerpo; es capaz de un espectro más amplio de movimientos que ninguna otra y pocas veces descansa. A algunas personas las arrugas acumuladas les preocupan poco. Pero si eres una mortal cualquiera, sensible al paso del tiempo, lo último que deseas es un recuerdo diario de su velocidad cuando enciendes la luz del espejo del baño.

Los surcos con que se burla de nosotros ya no son una aflicción personal, sino una institución colectiva. En una población que envejece más rápidamente que nunca, las arrugas y la papada se están convirtiendo en la norma. Esto podría hacernos creer que nos resultarán más aceptables, que se considerarán la cara aceptable de la vejez, símbolos de sabiduría y experiencia. Pero, en un mundo en que el culto a la juventud sigue reinando obstinadamente, también significan la pérdida de oportunidades, sexualidad y belleza. El poeta británico John Keats (1795-1821) afirmó que la belleza es verdad y la verdad, belleza; la palabra verdad podría sustituirse hoy por juventud.

De modo que ahora, en lugar de conferir prestigio, la piel envejecida denota decadencia y los ciudadanos mayores se encuentran clasificados como arrugados. A pesar de la adopción por parte de las empresas de productos de belleza de musas más mayores, a las cuarentonas ya se las hace sentir apartadas de la flor de la belleza. No es extraño que los dermatólogos estadounidenses, ansiosos de no ofender a sus clientes potenciales, hayan empezado a referirse a las arrugas como «corrugaciones» dermatológicas.

Estos eufemismos no convencen a nadie. La gente acude más que nunca a clínicas, farmacias y salones de belleza en busca de curas rápidas. Los cirujanos plásticos, los farmacéuticos y los técnicos de laboratorio de las empresas de cosméticos son los nuevos gurús, a los que las personas confían su frágil y efímero aspecto. El rejuvenecimiento se ha convertido en el santo grial de la industria de la belleza.

Es cierto que siempre se ha considerado un problema femenino y que para la mujer valía la pena correr riesgos. En el siglo XVII, mujeres atrevidas (o feas) eliminaban su piel superficial con aceite de vitriolo —con algunos resultados desastrosos—. En su encarnación moderna como *peeling* facial —o «regeneración», como prefieren llamarlo educadamente los médicos—, el procedimiento es más científico y está más controlado, pero no deja de ser doloroso o brutal. Tras cuatro siglos de preocupación y experimentos, y a pesar de los esfuerzos realizados, todavía no se ha encontrado un *lifting* facial realmente seguro.

Sin embargo, en una era de avances tecnológicos tan rápidos, se convence constantemente a las consumidoras de que nuevos productos químicos sintetizados, nueva tecnología punta o cirugía de última generación las ayudarán a rejuvenecer su piel. Aunque sabemos que nadie ofrece una solución instantánea o fácil, gastamos más dinero que nunca en todo tipo de tratamientos antienvejecimiento, tanto si esto significa untar los dedos en un tarro de gel rejuvenecedor como pasar días de incomodidad después de ser agredidas por el láser.

En última instancia, nada satisfará a la consumidora insegura, impulsada a esperar resultados instantáneos pero que no comprende nada ni de la piel ni de la tecnología que promete ponerla en forma. En un mercado seductor y lucrativo que cada año tiene más clientes, merece la pena saber algo más.

las profundidades de la piel

¿Qué hay en la piel?

En un centímetro cuadrado de piel hay doce glándulas sebáceas, diez pelos, cien glándulas sudoríparas, 2,5 metros de nervios, un metro de vasos sanguíneos y tres millones de células.

La piel es un material inteligente. Debe serlo, ya que es el único órgano externo del cuerpo. Su misión es mantener fuera el mundo exterior y dentro el mundo interior, a fin de proteger los órganos internos y retener los líquidos esenciales, al tiempo que se opone resistencia a la infección y se ponen obstáculos al deterioro.

Pero esto no es todo. La piel también regula la temperatura del cuerpo, sudando cuando hace calor y limitando el suministro corporal cuando hace frío. Se deshace de residuos que no pueden pasar por los riñones y distribuye nutrientes y oxígeno a nervios, glándulas, pelos y uñas. También manda señales de dolor al cerebro.

Para cumplir esta misión, la piel goza de cualidades únicas. Tiene folículos pilosos para llevar el sebo a la superficie, receptores nerviosos muy sensibles, tejidos elásticos capaces de expandirse un 50% y un sistema regenerativo enormemente productivo. También es adaptable y responde a la edad o al humor de cada uno, así como al mes o la estación del año.

Como parte más expuesta y expresiva, la cara tiene la piel más perfeccionada del cuerpo. Presenta más terminaciones nerviosas y glándulas sebáceas, los capilares más pequeños, la piel más fina y los músculos más flexibles de todo el cuerpo.

Además, en la cara todo esto se halla aún más especializado. La piel más fina se encuentra en los párpados y los labios; la más gruesa, en la frente, la mandíbula y el mentón; la más sebosa, en la nariz, las sienes y la frente; la más seca, en las mejillas y la mandíbula. No es raro que a la gente le cueste cuidarla y se deje seducir por las ofertas de ayuda de las casas de productos de belleza.

Un mes en la vida de una célula cutánea

Los dentistas y los cirujanos están familiarizados con el interior de la piel; el resto de la gente sólo conoce su parte visible. Una sección de piel (véase el diagrama de la izquierda) es parecida a una orilla herbácea o un lecho de un río: todas las partes vitales están ocultas bajo la superficie.

La piel tiene múltiples capas. Nos desvivimos y preocupamos por la capa superior, pero debajo de ella es donde realmente ocurren las cosas.

Los cimientos de la piel son el subcutis, una capa firme y esponjosa que contiene células adiposas, vasos sanguíneos y fibras nerviosas. Sobre todo ello se sitúa la dermis, que sirve como base blanda para la epidermis y como sistema de apoyo de la piel.

Esta capa tiene 3 mm de grosor y contiene vasos sanguíneos, terminaciones nerviosas, folículos pilosos, glándulas sebáceas y sudoríparas, y tejido conectivo. Pero quizá lo más importante es que contiene colágeno. Biológicamente, el papel más importante del colágeno es proporcionar una especie de andamio que mantenga todo unido, pero se conoce más por dar a la piel elasticidad, vitalidad y juventud. La producción de colágeno, como los fabricantes de productos para la piel gustan de recordarnos, disminuye con la edad. En consecuencia, la capa dérmica es el objetivo de todas las cremas soñadas por los fabricantes.

Encajonada entre la dermis y la epidermis está la capa basal, donde se forman las células cutáneas. Diariamente se generan millones de ellas sólo en la piel facial. Cuando surgen están hinchadas y húmedas, pero inmediatamente comienzan un viaje a la superficie durante el cual se transforman. A medida que las células emigran hacia arriba, su núcleo se fragmenta y se llena de queratina, una proteína dura que contribuye a hacerlas más planas y secas. Este proceso tarda unos 30 días, y cuanto mayor eres, más tiempo tarda.

En cuanto llegan a la capa más exterior de la epidermis, llamada capa córnea, las células se han vuelto duras y escamosas y se encuentran en el estado necesario para proporcionar una capa callosa y protectora a la epidermis. Tras atravesar las veinte capas del estrato córneo, las células quedan pegadas unas a otras en la superficie mediante componentes grasos. Allí permanecen hasta que son destruidas (antes de que llegue su hora) por los detergentes de los limpiadores o (más naturalmente) caen y se unen al polvo depositado en los muebles de la casa.

capa córnea	poro
capa granular	
estrato de Maplighi	terminación nerviosa
capa basal	glándulas sebáceas
	músculo erector del pelo
	tejido conectivo
glándula sudorípara ecrina	folículo piloso
	nervio
	bulbo piloso
	arteriola
células adiposas	vénula

epidermis · dermis · tejido subcutáneo

el tiempo lo dirá

En el interior de la piel facial hay mecanismos de defensa muy ingeniosos. Sin embargo, no tiene un dispositivo antienvejecimiento. Y como parte más expuesta del cuerpo, es la cara la que envejece más rápidamente. Cualquier ráfaga de aire frío o rayo de sol deja su huella; todos los gases de escape y todas las botellas de vino refuerzan los efectos negativos.

Estamos hablando de un envejecimiento extrínseco, que en parte puedes controlar (véase la página 110). Pero también existe un envejecimiento intrínseco, contra el cual ni el agarofóbico más limpio puede hacer nada, y está determinado principalmente por los genes. La combinación de influencias externas e internas determina el momento en que adquieres una expresión envejecida. En la caja de sorpresas de la vida, éstas difieren de una persona a otra. Pero, en igualdad de circunstancias, ¿qué puedes esperar que suceda y cuándo?

En la adolescencia

En la adolescencia casi todo el mundo tiene una piel tan perfecta que casi resplandece en la oscuridad. La pubertad marca una importante transición en la piel, que se hace más sebosa y propensa a tener poros obstruidos. Aparte de los granos, el cambio es positivo porque la grasa de la piel la protege de la deshidratación y la mantiene suave y fina. Mientras tanto, las células de la piel se regeneran a gran velocidad, abriéndose camino desde la capa basal hasta la epidermis en unos 28 días.

La adolescencia tiene recompensas que contribuyen a resarcir la inevitable aparición de los granos. El colágeno y la elastina que hay en el tejido conectivo de los adolescentes están perfectamente unidos y enrollados, dándole elasticidad y firmeza. Aunque la exposición al sol puede haber perjudicado ya los tejidos subyacentes, el daño todavía no ha salido a la superficie.

A los veinte años

Empiezan a formarse las líneas de expresión, especialmente entre las cejas, en la parte exterior de los ojos y en la frente. La renovación celular disminuye gradualmente y seguirá haciéndolo a lo largo de los 25-30 años siguientes. La capa córnea empieza a hacerse más gruesa y menos flexible. El tejido conectivo comienza a perder elasticidad, sobre todo en las personas que pasan las vacaciones tomando el sol. No obstante, la piel facial sigue pareciendo fresca, húmeda y flexible.

A los treinta años

La epidermis empieza a mostrar señales visibles de desgaste y desgarro, debido a los efectos acumulativos del sol, la contaminación, el estrés y una alimentación no precisamente perfecta. Las mutaciones resultantes se manifiestan en un cutis desigual, poca luminosidad y retención de líquidos. El grosor de la capa córnea y la disminución de la renovación celular se hacen más aparentes. La repetición de expresiones faciales empuja a la grasa del subcutis a formar surcos, cada vez más privados de elasticidad, que acaban por fijarse. Las arrugas se convierten en un rasgo perdurable y los efectos acumulativos de la

gravedad empiezan a hacerse notar. Es entonces cuando la mayor parte de la gente acude a los mostradores de productos cosméticos en busca del elixir antienvejecimiento que erradique alguno de estos signos reveladores.

A los cuarenta años

El trayecto desde la capa basal hasta la epidermis ya puede tardar 40 días. La pátina uniforme de los años anteriores está desapareciendo porque la pigmentación se hace más desigual, y a algunas personas les salen manchas oscuras. La capa basal se va haciendo más delgada, y a la piel le cuesta más retener la humedad, mientras que la capa córnea sigue haciéndose más gruesa. La producción de sebo, que llega al máximo en la adolescencia, ahora está en franca decadencia. No importa, porque hay más células muertas pegadas a la superficie de la piel debido a que la renovación celular disminuye. Pueden aparecer vénulas, especialmente en las pieles sensibles. Las líneas de expresión, cada vez más profundas, no dejan lugar a dudas sobre la historia emocional de su poseedor.

A los cincuenta años

En las mujeres, éste es el cambio más importante desde la adolescencia. La menopausia, que se suele presentar en los primeros años de la cincuentena, trae consigo un brusco declive en la producción de estrógenos con una disminución paralela del sebo. Esto facilita que el agua se evapore y la piel se vea seca y a veces escamosa.

La epidermis sigue atrofiándose y ahora es aproximadamente un 20% más fina que en la adolescencia. La distribución de las células grasas se hace desigual y su desproporcionado número en los tejidos más bajos conduce a la aparición de papada y a una barbilla más caída. Los efectos acumulados por la exposición al sol pueden manifestarse en forma de manchas oscuras y benignas, llamadas queratosis solar.

soluciones preparadas

Algunas personas con la piel de seda tienen más suerte que otras y es evidente que les han tocado mejores genes en el reparto. Pero incluso ellas acaban buscando ayuda exterior. A los cuarenta años, la mujer media usa cinco cremas para la cara al día. El número de cremas utilizadas y el dinero que se gasta en productos aumenta con la edad. Representa una forma de tratamiento de crisis.

A los fabricantes no se les escapa un mercado en crecimiento y ahora que aumenta el número de mujeres mayores, han respondido a esta crisis con una gran abundancia de lociones y pociones. Actualmente representan una quinta parte de las ventas en productos de cuidado facial y el sector crece más rápidamente que ningún otro. Pero ¿funcionan estas cremas? Muchas son el resultado de largas investigaciones y pruebas de laboratorio a las que se da gran publicidad. Todas se comercializan con ingenio. Pero, inevitablemente, la esperanza da alas a la exageración.

Los fabricantes explotan muchas tácticas para convencer a la consumidora escéptica de que su última crema, si se usa con regularidad, le borrará los años, incluso desde la primera aplicación. Una de las tácticas más comunes es el uso de ingredientes vinculados a un aspecto juvenil en la imaginación popular. Vitamina E, colágeno, elastina, retinol..., todos se utilizan de forma sugerente. Incluso las consumidoras más ilustradas pueden confundir el retinol –una forma de vitamina A– con el ácido retinoico. Pero, mientras que este último –un fármaco potente que se vende con receta– elimina las arrugas, el retinol simple no puede hacerlo. Igualmente, aunque las inyecciones de colágeno pueden rellenar las arrugas y la piel joven abunda en elastina, el colágeno y la elastina en una crema no pueden ser absorbidos por la dermis. Lo mismo ocurre con la vitamina E, un aditivo que incluso puede provocar dermatitis de contacto.

No todos los nuevos ingredientes pretenden engañar al consumidor. Los liposomas, por ejemplo, hacen exactamente lo que dicen los fabricantes: transportan la humedad a la piel y la retienen allí, pero ¿a qué precio químico? Si ingredientes sintéticos como éste se absorben en contacto con la piel –y según algunos cálculos más del 50% lo hacen–, existen muchas posibilidades de que parte de ellos entren en el flujo sanguíneo y acaben en el hígado. Las empresas de productos de belleza prueban sus preparados contra reacciones alérgicas sobre la piel, pero los efectos de verdad se producen más adentro.

Aunque la cantidad permitida de cada ingrediente es pequeña, no hay límite para el número de productos químicos que pueden incorporarse a un producto. Según algunos cálculos, anualmente dos kilos de productos cosméticos encuentran su camino hacia el flujo sanguíneo de una consumidora media. Además, aun aceptando que los efectos de los componentes individuales se han puesto a prueba, se presta poca atención al «efecto cóctel» que pueden producir estos productos químicos combinados.

Pero los efectos se ocultan y su origen, en todo caso, es imposible de demostrar. No es así cuando una persona tiene una reacción adversa a un producto facial en la superficie de la piel. Las quejas por estas reacciones han aumentado tanto como la variedad, los objetivos y las pretensiones de los productos.

En un estudio reciente sobre cremas antienvejecimiento, realizado por una asociación de consumidores, más de un tercio de las mujeres encuestadas manifestó sufrir efectos adversos sobre la piel, como quemazón, picores, escamosidad y sequedad. Sin embargo, sigue creyéndose que el único tratamiento para la piel es un producto envuelto, procesado y patentado, así que la respuesta habitual es comprar otra crema para corregir los efectos de la anterior, y de esta manera el ciclo continúa.

Paradójicamente, la creencia de que la naturaleza es más sabia ha ganado terreno de forma simultánea. El aumento de las ventas de alimentos orgánicos y limpiadores domésticos bajos en productos químicos ha ido paralelo al aumento de los productos «naturales» de cuidado de la piel. «Natural» es una de las palabras de moda en marketing en los últimos años; también es una de las que más se ha abusado, y en ningún lugar más que en las perfumerías.

Los fabricantes pueden afirmar legítimamente que su producto está perfumado con una fragancia «natural», aunque el aceite esencial que contenga sólo represente un 1% del producto y se utilicen también perfumes sintéticos. Pueden destacar la inclusión en una crema de germen de trigo natural o aguacate, aunque estos ingredientes se hayan preparado a partir de plantas modificadas genéticamente, cuyos efectos desconocidos han hecho que los fabricantes de productos cosméticos más éticos (y genuinamente naturales) los hayan prohibido. Pueden referirse a la elastina como una sustancia natural, cuando deriva de tejido animal, o sea que está conservado con muchos productos químicos. Pueden poner énfasis en la inclusión de vitamina C porque es necesaria para la producción de colágeno, aunque la vitamina C de una crema no toque el colágeno en la dermis.

Aparte de todos estos ingredientes mágicos, ¿cuál es el componente más común de las cremas para la piel? El agua. No hay nada más natural que eso. Pero el agua también proporciona el medio perfecto para el crecimiento de hongos y bacterias, y necesita que se le añadan conservantes, que invariablemente son sintéticos. El uso de productos químicos, en otra reacción en cadena, requiere la inclusión de perfumes para disimular sus aromas ofensivos. Pero los perfumes, que se fabrican a partir de una gama de más de 600 productos químicos, ocasionan más reacciones cutáneas adversas que ningún otro componente de las cremas faciales.

Las exageradas promesas de los productos exigen precios vertiginosos. Vale la pena pagarlos si la sensación de estarse mimando te quita años de encima, pero hazlo sabiendo dos cosas. En primer lugar, que los «ingredientes activos» constituyen sólo el 5% del producto (gran parte del resto del coste se va en un bonito envoltorio y en una publicidad seductora). En segundo lugar, que el efecto de cualquier preparado cosmético es temporal.

química frente a cirugía

Desde 1997 se obliga a las empresas de productos de belleza a enumerar el contenido de sus productos. Pero puedes necesitar una licenciatura en latín y farmacología para comprenderlo, ya que utilizan un «eurolenguaje» latinizado y raro. Esto no sólo difumina la distinción entre ingredientes naturales y sintéticos, sino que no aporta ninguna referencia sobre el origen o el efecto de los productos químicos que contiene el preparado.

Cuidado con las listas y los nombres largos. Si un producto contiene más de tres ingredientes activos, no puede cumplir lo que promete. Otro principio es que si no puedes pronunciar los nombres de los ingredientes, es probable que puedan hacerte más mal que bien.

En Europa existen más de 3.000 productos químicos autorizados para utilizarse en productos cosméticos. Muchos son anodinos, pero otros no. Cuidado con los siguientes:

Propilenglicol: es un líquido transparente destinado a transportar humedad y un alergeno habitual de la piel.

Laurilsulfato sódico: es un agente detergente, emulsionante y humedecedor, que a menudo reseca la piel y es un irritante habitual porque devora la proteína de la piel.

Dietanolamina (DEA) y trietanolamina (TEA): son agentes humedecedores que pueden formar nitrosaminas –potencialmente carcinógenas– y formaldehído, que no sólo es muy alergeno, sino que provoca mutaciones genéticas en animales y se ha prohibido en Japón y Suecia. Otros productos químicos, como los conservantes 2-bromo-2-nitropropano-1, 3-diol (normalmente denominados bronopol), pueden tener un efecto similar.

Parabenceno: es un conservante utilizado en un tercio de los cosméticos, cuyo potencial carcinógeno ha hecho que se prohíba en Japón. Los parabencenos se encuentran en la naturaleza, pero casi todos los fabricantes los utilizan en formas sintetizadas, conocidas como butil, etil, metil o propilparabenceno.

Parahidroxibenzoatos: son agentes conservantes y antihongos que causan reacciones alérgicas y que se han prohibido en Estados Unidos.

Urea imidazolidinil (también llamado hidantoína): utilizada para sintetizar lubricantes, se deriva del alcohol de la madera, que puede provocar náuseas y es carcinógeno en los animales. También puede producir formaldehído.

Ácido esteárico: es un ácido graso ceroso utilizado a menudo en cremas para la piel, que con frecuencia provoca sensibilidad.

Lanolina: es un derivado de la lana de cordero; puede contener pesticidas carcinógenos, que pueden llegar al flujo sanguíneo como lanolina en grasa soluble.

Quaternium 15: provoca habitualmente dermatitis de contacto a las personas sensibles a los productos químicos.

Ácido bórico: es un bactericida y fungicida utilizado como refrescante de la piel, que puede causar reacciones tóxicas. El polvo de talco que contiene ácido bórico lleva una advertencia de que no debe utilizarse en niños menores de tres años.

Benzoalcohol: es un conservante habitual en cremas y causa frecuente de hipersensibilidad.

Hidroxibutil anisole e hidroxibutil tolueno: son antioxidantes muy utilizados, cuyo uso regular puede causar hipersensibilidad retardada.

Tocoferol y acetato de tocoferol: son antioxidantes muy utilizados que pueden causar dermatitis de contacto.

Azul 1 y verde 3: son colores artificiales, ambos carcinógenos.

Medidas drásticas

El bombardeo de nuevas cremas que llegan a las perfumerías no ha puesto freno a la avalancha de personas que buscan soluciones radicales. Quizá las cremas no cumplen lo que prometen, o las personas quieren un arreglo rápido, o no pueden resistirse a la tentación de una nueva técnica, o quizá sólo van tras un efecto más profundo y duradero, un cuidado intensivo y a largo plazo, en lugar de unas primeras curas perentorias.

Cualquiera que sea la razón, la gente está más dispuesta que nunca a soportar días o semanas de incomodidad y aislamiento para quemar, rascar o lijar los años de su cara. La juventud tiene un precio muy variado, pero la gente está cada día más dispuesta a pagarlo.

La demanda ha aumentado con las nuevas tecnologías, desde el tratamiento con láser hasta la dermoabrasión. Sin embargo, la mayor parte de ellas no resisten la prueba del tiempo y tienen que repetirse al cabo de un año o dos. Y vuelta al quirófano.

Un elevado número de personas –principalmente mujeres– están confiando su aspecto a la cirugía estética. Un estudio de 1999 sugería que una de cada cuatro mujeres de menos de cuarenta años pensaba hacerse la cirugía estética. Sin duda, muchas se echarán atrás antes de llegar a la mesa de operaciones, ante la descripción del médico del sangrante procedimiento que les espera (véase la tabla de la página 18).

Si tienes un espíritu más obstinado que estas últimas personas y sigues pensando en uno de estos tratamientos, pasa directamente a la página 46. Realizar ejercicios faciales antes de una operación de estética puede mejorar y prolongar significativamente el resultado.

Procedimiento	En qué consiste	Ventajas	Inconvenientes
Lifting facial	Se corta y se levanta la piel, se recoloca sobre la cara y se elimina el exceso. Pueden levantarse y aligerarse los músculos al mismo tiempo. También pueden eliminarse partes de ciertos músculos para prevenir posteriores surcos y arrugas en la cara.	Mejora la forma de la cara y elimina las arrugas superficiales. Una vez desaparecidos los hematomas y las cicatrices, las mejoras son visibles y duran de seis a diez años. Cuando ciertas zonas de la cara están muy afectadas, puede realizarse una pequeña operación, un *lifting* de frente o de ojos.	Si se repite el procedimiento, la movilidad facial se reduce. Supone un pequeño riesgo de daño nervioso, que puede ser permanente. Si la piel se coloca demasiado tirante, puede producirse un efecto de máscara. La zona superficial de la piel se reduce y circulan peor los nutrientes y el aire.
Tratamiento con láser	Se elimina la epidermis y parte de la dermis con un haz de energía de gran potencia.	Pueden atacarse arrugas individuales y la profundidad de la ablación se controla con cuidado por medio de instrumentos de aumento. Funciona bien con arrugas finas, como patas de gallo y arrugas del labio superior.	La piel queda dolorida, hinchada y cubierta por una costra durante diez días y rosada de 3 a 6 meses antes de que recupere su color natural. Hay riesgo de pigmentación irregular, sobre todo si la piel se expone regularmente al sol. No es muy eficaz con los surcos profundos, como los que se forman entre las cejas o a los lados de la boca. Puede incrementarse la sensibilidad a los cosméticos.
Dermoabrasión	Con un cepillo de púas giratorias o una rueda de diamante se elimina la epidermis y la parte superior de la dermis, haciendo desaparecer las arrugas finas. La piel raspada se cura y reaparece más gruesa, con nuevo colágeno y elastina.	Es efectiva en las arrugas del labio superior.	Los mismos que en el tratamiento con láser, con la desventaja añadida de que la dermoabrasión produce más sangrado y el nuevo aspecto de la piel dura sólo unos meses.
Peeling químico	Pasta de ácido abrasivo que, aplicada a la cara, elimina la epidermis. Crece piel nueva como en el caso anterior.	Puede hacerse con diferentes pastas y con varias profundidades, según la gravedad de las arrugas. La más ligera y popular es el *peeling* de ácido alfa-hidroxi (fruta), que es muy rápido y menos doloroso, pero cuyos resultados son menos espectaculares. Un *peeling* de fenol es más efectivo pero a menudo reduce la pigmentación.	La pasta tiene que aplicarse unas tres veces en 24 horas. La eliminación de la pasta puede ser dolorosa. La piel está enrojecida, escamosa e hinchada durante un mes después de un *peeling* ligero, y varios meses después de uno profundo. Destruye las células de pigmentación superficial, de modo que la exposición al sol puede provocar problemas de pigmentación. No sirve para el cuello, que se cura con dificultad.
Implantación de colágeno	Se inyecta colágeno animal en las arrugas. Las arrugas se rellenan inmediatamente y la propia producción de colágeno natural del cuerpo se estimula durante los meses siguientes.	No hay cicatrices y la mejora es inmediata, aunque pueden verse manchas rojas durante unas horas después del tratamiento.	Dura unos meses como mucho. A menudo requiere tres inyecciones. Hay posibilidades de reacción alérgica. Es preciso intentar no utilizar los músculos faciales durante unas horas después del tratamiento.
Implantación de grasa	Se extrae grasa del estómago o el muslo con anestesia local. Se extrae sangre y exceso de líquido y se inyectan células grasas. El colágeno se regenera en torno a la grasa nueva.	Es bueno para las arrugas profundas. No hay riesgo de reacción alérgica.	Es necesario implantar células grasas, y la cara se vuelve rojiza y terrosa durante semanas o meses. Es más cara que la implantación de silicona o colágeno, aunque gran parte de la grasa desaparecerá.
Inyección de silicona	Se inyecta silicona profundamente en las arrugas. El cuerpo produce colágeno que rodea a la silicona, rellenando la arruga.	El efecto es permanente porque la silicona permanece en el tejido. Es bueno para la frente y los surcos de la boca.	Hay riesgo de que la silicona se traslade a otras partes del cuerpo. Este tratamiento es ilegal en Estados Unidos.
Hibernación	Se inyecta toxina del botulismo en el músculo para paralizarlo, a fin de que las arrugas no se hagan más profundas.	Es muy efectivo para las arrugas de la frente.	Limita la expresión de la cara. Sólo dura 3 o 4 meses.

¿Cuál es la alternativa?

Las operaciones y los preparados que aseguran plancharnos las arrugas, eliminar las bolsas o rellenar los surcos son de lo más tentador. Se aprovechan de nuestra vanidad e indolencia. Pero, al igual que el maquillaje, son una cobertura a corto plazo, una solución temporal y superficial al inexorable e incesante proceso de envejecimiento. Si tienes una mesa de madera vieja cuyo encanto original se ha perdido con el uso, puedes lijarla y barnizarla, y después limpiarla y pulirla regularmente. Pero si pasas por alto que tiene una grieta en una pata, la mesa acabará deteriorándose sin reparación posible.

Si se advierte la grieta a tiempo, se puede emprender alguna acción para rellenarla, cubrirla de barniz o remodelarla. Del mismo modo, puedes rellenarte las arrugas con colágeno, cambiar tu piel con un *peeling* o plancharte las arrugas con un *lifting* facial parcial o total. Los pros y los contras de los procedimientos cosméticos más comunes se muestran en la tabla de la página anterior.

Sin embargo, siempre es mejor cuidar la estructura subyacente de entrada, prevenir la aparición de grietas o surcos y preservar la base natural. En el caso de la cara, esto significa dos cosas clave: mantener los músculos fuertes y en forma, y permitir que el tejido conectivo que los envuelve esté relajado y se mantenga flexible.

Existen una serie de aparatos en el mercado que afirman poder hacer ambas cosas por ti. Los hay de muchos tipos, desde gafas vibradoras para uso doméstico hasta sondas eléctricas de baja frecuencia manipuladas por un esteticista. Pero se logran efectos igual de buenos –y más duraderos– con un poco de autoaprendizaje y cuidados diarios en casa. Sólo te hacen falta un par de manos, un poco de aceite, un espejo y cierta dedicación.

Si sólo haces el masaje facial y los ejercicios, tendrás buen aspecto durante más tiempo. Pero si le añades una limpieza interna general y una dieta que nutra tu piel, ésta florecerá. Irrígala regularmente por fuera y por dentro para que siga así.

No te ocupará más de diez minutos al día y puede quitarte de encima la misma cantidad de años. También te ahorrarás las horas que te pasabas husmeando en las perfumerías en busca de la fugitiva crema antiarrugas o el gel reafirmante que prometía cubrir el rastro del tiempo.

En lugar de comprar una crema de maquillaje para cubrir tu piel, construye una base natural con una musculatura bien tonificada. En vez de dedicar energías a encontrar la última crema para las patas de gallo, dedícalas a hacer ejercicios de ojos. En lugar de comprarte un nuevo colorete, consigue un rubor natural activando la circulación. En vez de pagar por una crema hidratante de alta tecnología, abre el grifo de la cocina. Y en lugar de cubrir las grietas, suavízalas con un masaje ligero.

Siempre habrá otras cosas útiles en que puedas emplear este tiempo: cortar el césped, quitar el polvo de los muebles o preparar la comida. Pero sus efectos no durarán. En cambio, si dedicas cinco minutos a hacer ejercicios, cuatro a un masaje y uno a la limpieza, los resultados todavía serán visibles en el espejo al año siguiente.

Si sigues este programa, no experimentarás el placer de sentirte mimada ni tendrás un bonito frasco para adornar el estante del baño, pero tu cutis será envidiable y disimulará tu edad. «La belleza se desvanece y la fealdad perdura, excepto la de la piel», escribió la poetisa Edith Sitwell. Ahora puedes demostrar que se equivocaba.

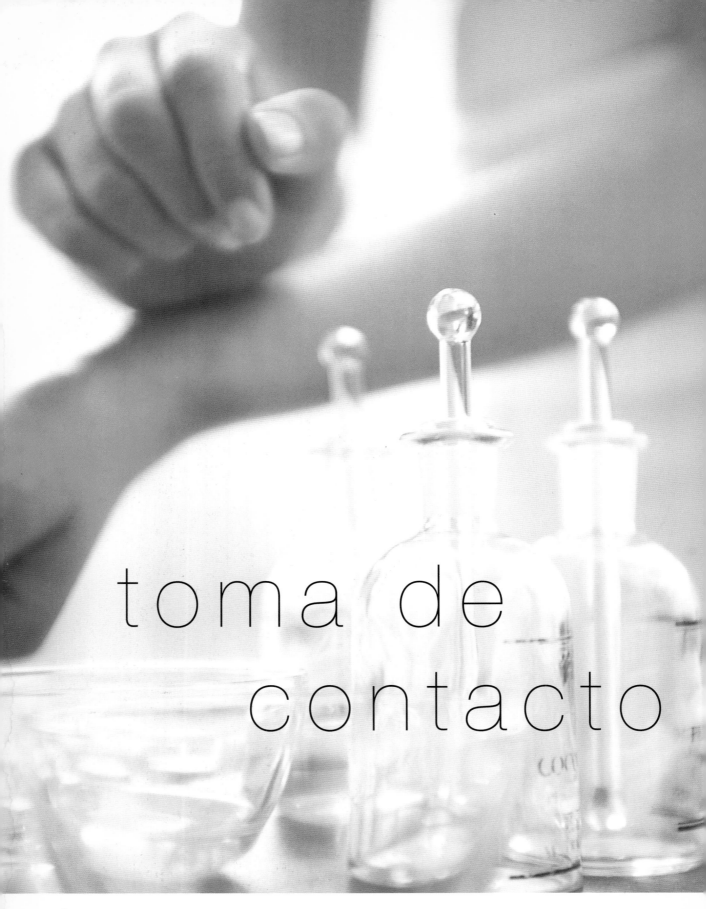

toma de
contacto

meridianos
y magia

Si te enganchas un dedo en la puerta, lo primero que haces es apretártelo con fuerza. Cuando recoges a un niño que ha tropezado, tu instinto te lleva a frotarle la rodilla o el codo que se ha golpeado. Todas las personas que tengan un gato arrebujado en su regazo, a menos que sean alérgicas, lo acariciarán.

Tocar es un instinto primitivo que deriva de los beneficios concretos que aporta. Si presionas o frotas una parte de tu cuerpo, activas la circulación de esa zona. Cuando una persona abraza a otra con sentimiento, las dos se relajan.

Sin embargo, pocas veces nos tocamos la cara. En ocasiones nos presionamos un granito, o en un momento de alarma apretamos la mano contra la frente, pero pocas veces nos tocamos la cara de una forma activa. Por el contrario, la tratamos como un objeto ornamental en el que realizamos varios rituales decorativos o conservadores, así que la conocemos íntimamente de vista, a veces demasiado. Pero si la tecnología fuera capaz de presentar a las personas una copia exacta de su cara para identificar con el tacto, pocos la identificarían como suya.

Esto es una lástima porque, como otras partes del cuerpo, la cara responde bien al tacto; mejor, incluso, porque está repleta de músculos pequeños y sensibles y muy dotada de terminaciones nerviosas. Si recibes un golpecito en la espinilla, probablemente no sabrás con seguridad si ha sido el pie de la persona de enfrente o la pata de la mesa. Pero cualquier contacto con tu cara registra inmediatamente su fuerza y su forma. De modo que si la tocas con sensibilidad, tu cara responderá positivamente.

Como la cara, las puntas de los dedos están bien provistas de terminaciones nerviosas que le proporcionan una sensibilidad aguda. Muchos masajistas creen que las manos están especialmente dotadas para transmitir al cuerpo una fuerza magnética, algo que las medicinas tradicionales orientales consideran una fuerza sanadora. Por eso las manos y la cara forman un equipo terapéutico perfecto.

Según los principios de la medicina tradicional china, esto puede llegar hasta los dedos de los pies. Con el sistema de digitopuntura se ve que el cuerpo tiene una red de canales de energía denominados meridianos. En lugares estratégicos de los meridianos hay puntos clave para liberar energía. Numerosos meridianos, que recorren el cuerpo de arriba abajo, terminan en los pies; otros muchos acaban en la cara. Todos ellos constituyen puntos clave de contacto sensual.

Por tanto, el contacto puede actuar de diversas formas como liberador para la cara. Si te preocupa el envejecimiento de la piel, entonces te interesa el efecto que puede tener el contacto sobre el tejido conectivo.

El tejido conectivo se asienta entre las capas de la dermis y el músculo (véase el diagrama de la página 10). Es más rico en fibras elásticas que el tejido conectivo de otras partes del cuerpo, y por eso debería ser flexible y elástico. Pero la tensión, y hasta cierto punto la edad, hacen que se vuelva menos flexible. El espacio entre las fibras conectivas está lleno de una «sustancia base» gelatinosa. Con el paso del tiempo, las cadenas de moléculas que forman esta sustancia se unen entre sí y, como son menos flexibles que otras conexiones más breves, la sustancia gelatinosa se hace más dura y rígida.

Esto ejerce un efecto de envejecimiento sobre los músculos, que tienen menos espacio para moverse. La disminución de la movilidad muscular tiene cuatro efectos negativos:

• Significa que los músculos son menos capaces de extenderse y relajarse.

• Limita las posibilidades de hacer ejercicio. Por eso, si hay problemas de tensión (¿y quién se libra de ella hoy en día?), el masaje facial debería preceder al ejercicio facial.

• La rigidez muscular favorece que las expresiones habituales se asienten en parte del tejido de la cara. El tipo de vida actual hace que esas expresiones sean a menudo de estrés y tensión, que son precisamente las que envejecen nuestra cara.

• La rigidez del tejido conectivo afecta mucho a los músculos más finos, como los que controlan el movimiento de los ojos y los labios. Éstas son precisamente las zonas que están cubiertas con la piel más fina y tienen menos glándulas sebáceas, de modo que se arrugan más rápidamente, pongas la cara que pongas.

Al aflojarse el tejido conectivo, un ligero masaje puede crear más espacio para que los músculos se ejerciten y relajen (véase «lifting facial con la punta de los dedos» en la página 120).

Las personas soportan la tensión en diferentes partes de la cara; las más habituales son la mandíbula, la frente y los ojos. A veces es tan acusada que se hace visible de inmediato: un mentón permanentemente retraído o protuberante, una ceja levantada o fruncida y unos ojos estrábicos o medio cerrados son los ejemplos más característicos. No es sorprendente que los problemas más habituales en los últimos años sean la papada, las arrugas del ceño y la frente, los párpados caídos y las patas de gallo.

Sin embargo, la tensión puede almacenarse en cualquiera de los rasgos faciales o a su alrededor: depende en gran medida de la personalidad, de los hábitos de vida e incluso de la profesión. Cuando la tensión se encierra repetidamente en el mismo lugar durante años, se graban en la piel las arrugas que reflejan tus actitudes, tu historia y tu edad. Cuanto antes te des cuenta de dónde colocas tus ansiedades, más fácil será minimizar los efectos sobre tu piel.

La tensión y el estrés son difíciles de evitar: la persona que junta las cejas pocas veces es excepcionalmente afortunada o está tranquilizada químicamente. Pero si una suave presión afloja los músculos y les deja espacio para maniobrar, aprenden a volver a su sitio más rápidamente después de tensarse. Así, los surcos y las arrugas tienen menos oportunidades de grabarse en la piel.

En cuanto borras parte de la tensión residual de la cara, tu cutis se ilumina y tu expresión se aligera. Y, como en cualquier tratamiento físico o psicológico, el efecto es acumulativo, de modo que con la repetición del autotratamiento los años retrocederán un poquito.

Ser consciente de la tensión de la cara

Aunque no puedas borrar las causas de la tensión de tu vida cotidiana, sí puedes ser más consciente de ella. La mayoría de la gente arruga la frente y aprieta los dientes o los labios inconscientemente. Una razón por la que estas expresiones dejan una marca tan espectacular en la piel es que las adoptamos muchas veces al día sin darnos cuenta.

Si eres más consciente de lo que hace tu cara, puedes reducir las veces que estos músculos se tensan y limitar los daños en la piel.

También tendrás una recompensa psicológica. Tal como confirman los practicantes de muchas terapias complementarias, existe una íntima relación recíproca entre la forma como usamos nuestro cuerpo y las emociones que sentimos. Sustituye ceños por sonrisas y, aunque te cueste un esfuerzo de voluntad, esto afectará a la liberación de productos químicos cerebrales que mejoran el humor, como las endorfinas y la serotonina. Si tienes un montón de trabajo que hacer y una fecha de entrega que te parece imposible de cumplir, no te resultará fácil sonreír, pero con sólo eliminar el ceño ya obtendrás una mejora.

Como ocurre con cualquier comportamiento que vaya en contra de lo que harías de forma natural, es bueno tener técnicas a las que recurrir conscientemente. Prueba alguna de éstas:

• Cuando notes que la cara se te pone tensa, pregúntate de qué sirve tu ansiedad o tu enfado. Si tus sentimientos tienen base, haz algo para desprenderte de ellos. Si no, respira profundamente y concéntrate en tu respiración. Intenta pensar en la siguiente cosa positiva de tu programa.

• Observa a los demás y fíjate en sus contorsiones faciales inconscientes. Tanto si están haciendo cola en una tienda, como corriendo para pillar el autobús o cargando con una maleta pesada, la mayoría serán negativas. Observando su seriedad serás más consciente de la tuya.

• Si todo falla, ponte un trozo de cinta adhesiva sobre la piel entre las cejas. No podrás fruncir el ceño sin que se arrugue, tire o se despegue, y eso te llamará la atención.

Si te atreves, mírate al espejo cuando te levantes por la mañana. ¿Qué ves? Una cara que seguramente estará más pálida, hinchada y arrugada de lo normal. De algunas arrugas tiene la culpa la almohada sobre la que has dormido; pero la falta de color y tono poco tiene que ver con la ropa de cama. Son consecuencia de una disminución nocturna de la circulación.

Cuando el cuerpo descansa profundamente, pone el freno a los sistemas que bombean la sangre y la linfa por el cuerpo. Los latidos del corazón se hacen más lentos, la presión sanguínea disminuye y el flujo linfático se reduce a un goteo comparativo.

Aunque se le presta menos atención que a la circulación sanguínea, la de la linfa es esencial para la salud e influye notablemente en el estado de la piel. Mientras los vasos sanguíneos transportan los nutrientes y el oxígeno por todo el cuerpo, los vasos linfáticos se llevan los desperdicios. Funcionan como una especie de sistema de irrigación interna, que drena las toxinas de los tejidos.

Por la noche, cuando el drenaje se hace más lento, los desperdicios se amontonan. La hinchazón de la cara, sobre todo en los ojos, es uno de los signos más evidentes por la mañana; también lo es la palidez que deriva de la disminución nocturna de la circulación sanguínea.

Pero no sólo el sueño disminuye la circulación. Durante el día, la falta de ejercicio, la mala alimentación, la respiración superficial y la exposición a la contaminación –todos los peligros de la vida moderna– disminuyen el drenaje de la linfa y el flujo sanguíneo.

El masaje los pone en marcha a los dos. Un brillo rosáceo es la prueba evidente de un mejor flujo sanguíneo. La aceleración de la acción de la linfa es menos visible, pero puedes dar por hecho que si tu cara tiene mejor color la linfa también ha sido estimulada, porque sus vasos corren más cerca de la superficie de la piel (véanse las páginas 76-77). A largo plazo, un sistema linfático fluido produce un sistema inmunitario resistente y un cutis radiante. La mitad de los nódulos linfáticos del cuerpo están en el cuello, de modo que su desbloqueo tiene un efecto inmediato en la piel de la cara.

Un toque suave

Los músculos de la cara son extremadamente delicados. Ello es debido a que, con la excepción de los músculos frontales de la frente (véase la página 53), están unidos al hueso sólo por un extremo; el otro extremo lo está al tejido conectivo y al músculo. El músculo que hay debajo del ojo y que se contrae cuando lo empequeñecemos, por ejemplo, está unido al hueso por arriba y al tejido cutáneo por abajo.

En cambio, en el resto del cuerpo, los músculos se encuentran unidos por ambos extremos, y esto les da una base más firme que los hace más resistentes. Pueden ponerse muy duros los músculos de la pantorrilla y el antebrazo, pero no los de la cara. Esta flexibilidad y libertad da a los músculos faciales una gama extraordinaria de expresiones. Pero también significa que, si se tensan demasiado o con excesiva frecuencia, son más susceptibles de permanecer forzados. El masaje puede ser muy beneficioso, pero, si se hace demasiado profundamente o muy a menudo, puede provocar que los músculos se alarguen.

Esto no es un problema para los músculos jóvenes: al ser tan fuertes y flexibles como una goma elástica nueva, recuperan su forma original con un enorme vigor cuando se tira de ellos. Pero la elasticidad de la piel, aunque varíe de una persona a otra, se erosiona con el tiempo. De forma variable pero inevitable, la musculatura facial acaba por parecerse más a la goma elástica seca y vieja que uno encuentra en un cajón del escritorio.

Cuando se tira de ella hasta el límite, esta goma no sólo no recupera su posición original tirante sino que ni siquiera salta. Del mismo modo, con la edad, las fibras elásticas del tejido conectivo y el músculo se hacen menos flexibles. Aunque están diseñadas para expandirse, si se tira demasiado de ellas pueden desgarrarse. Esto puede no ser doloroso, pero sí irreparable. Otras fibras que se entrelazan con la desgarrada seguirán haciendo su trabajo, o sea que hay poca pérdida de movimiento, pero el tono se pierde de forma visible. Estas mínimas roturas del tejido subyacente se manifiestan en forma de arrugas en la superficie.

Por tanto, es importante no olvidar la fragilidad de los músculos más viejos y sus tejidos adyacentes cuando se trata de la piel facial de los adultos. El cráneo es otro asunto y se puede masajear vigorosamente sin perjuicio, y con muchos beneficios para la cara (véase la página 122).

La piel sensible, que es normalmente clara y seca, también tiene que masajearse con cuidado. Es más susceptible al tipo de daño superficial que causa «venas rotas» (que no están realmente rotas, sino más cerca de la superficie y por tanto más visibles). Además, si se usa un aceite muy fuerte para masajear la piel sensible, puede penetrar en los poros profundamente, obstruyéndolos y dejándolos abiertos.

Con un masaje ligero se obtiene otro beneficio: se estimula el sistema nervioso parasimpático. Este sistema desencadena las funciones que se asocian a la relajación: respiración lenta, presión arterial baja, frecuencia cardíaca moderada, menor circulación de adrenalina y producción de endorfinas.

En consecuencia, aparte del efecto directo sobre los tejidos faciales tensos, un masaje suave puede tener beneficios psicológicos inmediatos que se extienden a todo el cuerpo. No es raro que la persona masajeada se adormezca o incluso se duerma.

el ambiente
para el masaje

El masaje debería actuar sobre la tensión de cuerpo y alma, ofreciendo una liberación simultánea de ambos niveles. Puedes maximizar sus efectos creando un ambiente propicio a la relajación emocional y física.

Esto no significa necesariamente colgar cortinas de caftán en las ventanas, llenar el ambiente de aroma a incienso y poner música india. Aunque algunos de estos métodos estereotipados de crear ambiente pueden funcionar para algunas personas, no tienen nada de especial. Son sencillamente formas de despertar el sistema nervioso parasimpático, para que tu mente y tu cuerpo reduzcan la marcha.

Lo más importante es encontrar el ambiente en que el masaje resulte más sedante que estimulante. Existen cuatro influencias importantes:

Cómo conseguir que funcione el masaje

• Antes de empezar, lávate las manos y caliéntalas (frotándolas una contra otra se calientan enseguida).
• Prepara todo antes de empezar: mezcla el aceite si utilizas una mezcla o añades aceites esenciales. Quítate la ropa necesaria para poder masajearte el cuello y los hombros con facilidad, y preferiblemente envuélvete el cuerpo con una toalla.
• Si utilizas aceite, viértelo primero sobre las manos, nunca directamente en la cara.
• Masajea siempre con un movimiento circular hacia arriba y hacia fuera, para no arrastrar los músculos hacia abajo.
• Aplica una ligera presión para que los dedos se muevan sobre la piel. Si sientes que la piel se mueve sobre el músculo o el hueso, estás presionando demasiado fuerte.
• Utiliza una pequeña cantidad de aceite; en caso contrario, los dedos resbalarán y perderás la sensibilidad de contacto que necesitas con la piel.

Iluminación Una razón por la que a la gente le resulta más fácil dormir de noche que de día es que la penumbra es un sedante suave. Actúa sobre el hipotálamo –una parte del cerebro– para disminuir la vigilia. El globo ocular es un punto clave de tensión de la cara. Si no está relajado –normalmente no lo está, porque recoge y manda mensajes al cerebro más rápidamente que ningún otro sentido–, otros músculos asociados se tensarán. Por tanto, si te haces el masaje durante el día, corre las cortinas. Si es de noche, utiliza sólo una lámpara secundaria.

Sonido El ruido es un poderoso estimulante nervioso y aumenta los niveles de adrenalina en la sangre. Algunos estudios han demostrado que en los quince últimos años se ha producido un aumento paralelo del poder y la frecuencia del ruido ambiental y de las dolencias relacionadas con el estrés. Idealmente deberías darte el masaje en una habitación silenciosa de la casa. Esto no excluye la música, que puede ser un potente tranquilizante.

Aroma El olor trabaja directamente sobre el sistema límbico del cerebro, que actúa de modo inconsciente. No tener un aroma dominante es mejor que tener uno desagradable. Es preferible que produzca un efecto tranquilizador y aumente los efectos relajantes del masaje.

La forma más efectiva de crear un ambiente relajante es quemar aceite esencial en la habitación. Existen muchos aceites que tienen efectos tranquilizantes para satisfacer todos los gustos. El olor es algo muy personal y algunos pueden parecerte muy desagradables. Los más populares entre los masajistas son la lavanda, la bergamota, el petit grain, la madera de sándalo y el ilang-ilang (véase la página 34). También puedes elegir entre una serie de quemadores, desde un pequeño y simple anillo de metal colocado sobre un bulbo ligero hasta piedras ornamentadas.

Temperatura Las casas con calefacción central están a menudo demasiado calientes. Esto no sólo favorece una circulación sanguínea más lenta sino que reseca la piel; generalmente no debería sobrepasar los 18 °C. El momento de realizar un masaje constituye una excepción. Si no estás caliente, a tus músculos les costará relajarse. Si no tienes calefacción central, ponte ropa de abrigo, pero nada demasiado grueso por arriba. La ropa interior térmica no es sexy, pero supone una forma de calefacción portátil muy eficaz.

A pesar de sus beneficios demostrados, el masaje solo –ya sea oriental u occidental, vigoroso o suave– no rejuvenecerá tu cara. Como cualquier otra parte del cuerpo, para conservar su vigor juvenil la cara necesita ejercicio.

adelante: ¡lubrifícate!

El aceite de plantas siempre ha sido uno de los elementos esenciales de un estuche de cosméticos. Las antiguas egipcias se untaban la cara con cualquier cosa, desde bayas de castor hasta aceite de lechuga, que guardaban en frascos de cristal de colores muy refinados. Las isabelinas importaban aceite de búfalo, mientras que las victorianas, más conservadoras, usaban en abundancia aceite de almendras, uno de los preferidos desde siempre y que todavía se utiliza ampliamente (afortunadamente, a las menos ricas ya no nos aconsejan que usemos sebo de cordero como sustituto barato).

Estos aceites tienen en común que es probable que se utilicen tanto en la cocina como en el baño. Los aceites vegetales puros nutren y lubrican la piel de una forma que los demás no pueden, porque se absorben más eficazmente y calientan la piel a fin de favorecer la absorción.

No pueden sustituir a los aceites naturales de la piel, que inexorablemente disminuyen con la edad y que necesitas reponer con la dieta (véase la página 95). Sin embargo, los aceites de plantas naturales pueden condicionar la piel y, hasta cierto punto, reducir su deshidratación impidiendo que pierda tanta humedad. Aunque cualquier aceite puede bloquear los poros de una piel muy fina o maltratada, los aceites vegetales no crean una película sofocante sobre la piel ni afectan de forma adversa a su propia producción de aceite.

Se cree que el aceite es un ingrediente integral del masaje. La parte del cuerpo para la que esto no es cierto es la cara. Hay personas que producen suficiente aceite con sus glándulas sebáceas para permitir que los dedos resbalen suavemente. Otras tienen la piel sensible y al lubricarla se pueden recalentar los tejidos delicados, haciendo que los poros se abran demasiado. Algunos masajistas también afirman que con los aceites se disminuye la sensibilidad del contacto entre dedos y cara.

El principal propósito de un aceite en el masaje es proporcionar una superficie fina y resbaladiza para no tensar la piel cuando se trabaja. En principio, cualquier vegetal o fruto seco puede actuar de la misma forma. Pero si quieres aprovechar al máximo las diferentes propiedades cosméticas, elige de la tabla de la página 35 las mejores para tu tipo de piel y para su estado actual.

Todos los aceites naturales pueden eliminar el ceño de la piel y al mismo tiempo lubricarla. Por consiguiente, utilizar estos aceites para un masaje facial puede convertirse en parte de la limpieza o hidratación diaria.

¿Vegetal o mineral?

Los aceites comerciales tienden a tener una composición totalmente mineral o totalmente vegetal. Aunque ambas son «naturales» en tanto que son producto de materiales que existen de forma natural, tienen cualidades y efectos bastante diferentes sobre la piel.

La piel no absorbe los aceites minerales, que permanecen como una fina película de plástico sobre la superficie de la epidermis. Esto obstruye los poros en un 40-60%, privando a la piel de un oxígeno vital. Aunque pueden disminuir la evaporación de agua de la piel, también pueden impedir que el sudor salga tan rápidamente como debiera. A corto plazo, el resultado son las espinillas y las manchas. A largo plazo, se reduce la capacidad de la piel para producir sus propios aceites.

A diferencia de los aceites vegetales y de frutos secos, los aceites minerales no contienen ningún nutriente que beneficie a la piel. Sin embargo, son populares porque no provocan reacciones alérgicas, son más baratos y duran más tiempo.

Como productos vivos que son, los aceites vegetales y de frutos secos se ponen rancios, especialmente si se dejan abiertos y expuestos al aire. Su oxidación puede retrasarse, si no prevenirse, añadiéndoles aceite de vitamina E, que es un antioxidante natural.

Los aceites vegetales presentan otras ventajas. Además de proteger la piel sin obstruir los poros, contienen ácidos grasos y vitaminas solubles en grasas. Muchos son absorbidos con relativa lentitud por la piel, de modo que su efecto se nota a la larga. Sin embargo, muchos aceites vegetales comerciales están prensados por calor, un proceso que destruye sus nutrientes; son mejores, pues, los prensados con frío.

Algunos aceites vegetales son mejores para ciertos tipos de piel que otros. En general, cuanto más seca sea tu piel más se beneficiará de un aceite rico en ácidos grasos saturados. Al ser más gruesos y pegajosos, se absorben más lentamente y reducen la pérdida de agua más eficazmente. Las pieles más grasas requieren aceites con un alto porcentaje de grasas poliinsaturadas, que son más finas y la piel las absorbe con más rapidez.

Si no estás segura de tu tipo de piel (seca, normal o grasa), déjala tranquila una semana. No le pongas crema hidratante ni maquillaje. Límpiala sólo con agua y un jabón limpiador muy suave: la naturaleza

verdadera de tu piel se pondrá de manifiesto. Puede ser tu tónico te esté secando la piel, tu crema hidratante te obstruya los poros o tu base de maquillaje te produzca irritación.

Cuando tengas claro cuál es tu tipo de piel, prueba uno de los aceites de la página 33 y elige un aceite esencial de la tabla de la página 35 para perfumarlo.

Advertencia *Utiliza siempre los aceites esenciales con cuidado. Existen pocos aceites que puedan usarse sin diluir, de modo que dilúyelos siempre, a menos que lleven instrucciones específicas para emplearlos en su forma pura.*

Antes de utilizar un aceite, comprueba siempre que es seguro. Si tienes algún problema médico, estás en tratamiento, tomas medicinas homeopáticas, estás embarazada o amamantando, o tienes la piel sensible o con algún problema, no uses aceites esenciales hasta que lo hayas consultado con tu médico y un experto en aromaterapia.

Siempre es mejor realizar una prueba en una zona de la piel para comprobar que el aceite no te produce efectos adversos. Ponte una gota diluida en la piel y déjala 24 horas. Si adviertes cualquier reacción adversa, como enrojecimiento, escamación u otro trastorno de la textura de la piel, NO LO USES.

tipos de piel

Piel seca o envejecida

Aceite de albaricoque: se extrae del hueso de la fruta. Lo absorbe fácilmente la piel y produce un efecto suavizante. Tiene una fragancia suave y calma la piel irritada.

Aceite de aguacate: se prepara a partir de la pulpa seca de la fruta, por lo que es rico en nutrientes, incluidas las vitaminas D, E y B_5, y contribuye a restaurar el tejido dañado de la piel.

Aceite de macadamia: se hace con un 40% de ácidos saturados, pero la piel lo absorbe fácilmente. Tiene una textura suave y sedosa y retiene mucha humedad.

Aceite de germen de trigo: es un aceite amarillo muy oscuro y pegajoso, con un olor penetrante, que necesita mezclarse con un aceite menos potente. Se recomienda a menudo para la piel envejecida porque es rico en minerales y vitamina E. A pesar de ello, se oxida rápidamente y puede necesitar más vitamina E para que no se ponga rancio.

Piel normal

Aceite de oliva: es uno de los aceites vegetales más densos, de modo que puede mezclarse con aceites menos densos para el masaje. Contiene ácidos grasos poliinsaturados que pueden contribuir a tratar pieles inflamadas o con marcas. Su fuerte olor no es del agrado de todos.

Aceite de almendras: es uno de los preferidos y se utiliza desde la antigüedad para el cuidado de la piel. Se aplica bien y se absorbe fácilmente, o sea que es bueno para el masaje. También se mezcla bien con borraja o macadamia para pieles secas o envejecidas.

Aceite de girasol: se prepara con las semillas de la flor y contiene abundante ácido linoleico, que contribuye a hacer la piel más flexible. Se aplica y se absorbe fácilmente, por lo que puede mezclarse con aceites más grasos, como el de jojoba o el de germen de trigo, para impedir que forme una película grasienta en la superficie de la piel.

Aceite de sésamo: es un aceite semigraso que puede utilizarse en casi todos los tipos de piel. Se encuentra más a menudo en la sartén que en la perfumería, pero aun así se utiliza como aceite para el sol o para el pelo. Es ligero e incluso puede aplicarse en la zona de los ojos, pero su fuerte aroma comporta que normalmente se diluya con un aceite más moderado, como el de girasol.

Piel grasa

Aceite de avellanas: se absorbe con facilidad y es ligeramente astringente. Regula la producción de sebo y, por consiguiente, ayuda a normalizar la piel grasa.

Aceite de hueso de melocotón: es parecido al de albaricoque, pero menos pegajoso y por eso más adecuado para las pieles grasas. Contiene vitaminas A y E y penetra bien en la piel.

Aceite de cardo: es fino y líquido, o sea que se absorbe fácilmente y no obstruye los poros. Contiene hasta un 80% de ácido linoleico, que ayuda a mantener la piel flexible y bien hidratada.

Aceite de hipérico: se hace macerando flores de hipérico en aceite de oliva. Las flores liberan una sustancia que se utiliza medicinalmente como antidepresivo y proporciona al aceite una propiedad ligeramente astringente. El hipérico necesita mezclarse con otro aceite.

Dos aceites que merecen mención especial por sus propiedades antienvejecimiento son el de **borraja** y el de **palmarrosa**. Los dos son ricos en ácidos gammalinoleicos (AGL), que fortalecen las células de la piel y disminuyen la pérdida de humedad, al tiempo que ayudan a destruir los radicales libres, los agentes oxidantes que envejecen la piel. Sin embargo, los dos son caros, por lo que normalmente se mezclan con alguno de los anteriores, aproximadamente en una proporción de una parte por cada siete del aceite principal. Son buenos para todo tipo de piel.

Sin embargo, como el aceite de germen de trigo, los aceites de palmarrosa y borraja tienen tendencia a ponerse rancios. Para que esto no suceda, añádeles vitamina E, que es un antioxidante. Puedes comprar cápsulas de aceite de vitamina E, abrirlas y echarlas dentro del aceite base cuando abras la botella. La vitamina E desaparecerá al absorber y destruir los radicales libres, por lo que deberás añadir más si guardas estos aceites durante un tiempo.

el poder
de las flores

Como sustancias naturales, los aceites tienen unos aromas distintivos y no universalmente atractivos. Por eso, desde que los antiguos griegos pusieron mejorana y menta en sus aceites para la piel, la gente los ha perfumado.

La forma más sencilla, segura y beneficiosa de perfumar un aceite vegetal o de frutos secos es utilizando aceites esenciales. Ahora muchos preparados comerciales para la piel contienen –y se hace una gran publicidad de ello– aceites esenciales, pero al menos el 90% de lo que hueles estará hecho con productos químicos sintéticos. Pueden utilizarse varios centenares de ingredientes primarios para crear una sola fragancia artificial y son la segunda causa más común de alergia, sensibilización o irritación en la cosmética comercial. Tampoco tienen los beneficios terapéuticos de los aceites esenciales.

Un aceite esencial es un líquido concentrado, aromático y volátil, hecho a partir de diminutas moléculas parecidas al aceite, que se mezclan fácilmente con aceites vegetales o de frutos secos. No contienen ninguna sustancia grasa, por lo que no manchan.

El «aceite» procede de pequeñas cavidades en la estructura celular de plantas o piel de frutas y se extrae destilándolas con presión al frío, a fin de concentrarlo para formar sustancias potentes: por ejemplo, se necesitan 100 kg de pétalos de rosas para producir 20 ml de aceite de rosas. Por consiguiente, aunque es natural, si se utiliza en productos comerciales para la piel, es lo suficientemente fuerte para sensibilizar la piel o incluso provocar alergias. Por su potencia, se utiliza de forma muy diluida. Si se mezcla con otro aceite, bastará una dilución del 1-2%; en un baño, de 5 a 8 gotas.

Los aceites esenciales efectúan su magia de cuatro formas. En primer lugar, penetran en la dermis. Lo pueden hacer porque están hechos de diminutas moléculas y son lipofílicos (atraídos por las grasas). Por eso pasan a través de los folículos capilares, que contienen sebo, y de allí al flujo sanguíneo o al sistema linfático.

En segundo lugar, no crean dependencia o impiden que la piel reaccione, como hacen algunos productos. En tercer lugar, todos repelen la infección y activan la circulación. Por último (y más importante si has cruzado la «frontera de los treinta»), muchos también estimulan el crecimiento de nuevas células.

Sin embargo, si los aceites esenciales se oxidan, pierden sus propiedades terapéuticas. Para maximizar su duración, guárdalos en un sitio oscuro y fresco y nunca los dejes abiertos. Deberían durar al menos un año. Al mezclarlos con un aceite de base, se reduce drásticamente su vida a dos o tres meses.

Los efectos no son directamente físicos. También actúan sobre el aparato nasal y afectan a las rutas de placer del cerebro. Por eso no es bueno elegir un aceite esencial sólo por sus supuestas propiedades antienvejecimiento. También tiene que gustarte el olor. Dicho esto, los que se dan en la tabla de la página siguiente bien valen una husmeada.

Aceite	Tipos de piel	Propiedades	Se mezcla bien con	Aceites de base	Contraindicaciones
Incienso	Envejecida	Tonifica y reafirma	Geranio, lavanda	Albaricoque, almendra	
Lavanda	Todos, incluso seca, envejecida y dañada	Ayuda a regenerar la piel dañada, calma la inflamación	Palmarrosa, geranio, palisandro	Macadamia, caléndula, almendra	
Neroli	Seca, envejecida	Reafirma, ayuda a la regeneración celular, disminuye las vénulas, tensa marcas	Geranio, lavanda, neroli	Aguacate, avellana, albaricoque	No es adecuado para pieles muy sensibles
Hinojo	Envejecida	Contiene moléculas tipo estrógenos que pueden disminuir las arrugas	Incienso, lavanda, neroli	Aguacate, macadamia	Evitar en caso de embarazo
Geranio	Seca, envejecida y normal, hinchada	Tonifica, reafirma, estimula la circulación	Lavanda, bergamota	Soja, albaricoque	Aumenta la sensibilidad a los rayos UV
Bergamota	De normal a grasa	Calma y ayuda a prevenir la inflamación, limita el crecimiento bacteriano	Geranio, ilang–ilang	Almendra, girasol	
Palisandro	Todos	Limita el crecimiento bacteriano y estimula el celular, activa la circulación	Lavanda, neroli, geranio	Jojoba, soja, avellana	
Pachulí	Envejecida, dañada, mixta	Reafirma, activa la circulación, calma la inflamación, bueno para la piel agrietada	Geranio, palmarrosa, rosa	Jojoba, macadamia, avellana	
Madera de sándalo	De normal a seca	Destruye las bacterias, alivia la piel seca	Geranio, palmarrosa, bergamota	Aguacate, almendra, caléndula	No es adecuado para pieles sensibles
Mirra	Envejecida, dañada	Antiinflamatorio, antiséptico, cura granos abiertos	Ciprés, incienso, geranio, árbol del té	Jojoba, almendra, árbol del té	Evitar en caso de embarazo
Rosa	Seca, envejecida, dañada o sensible	Estimula, equilibra, limita el crecimiento bacteriano, fortalece los capilares frágiles	Salvia, lavanda, ciprés	Avellana, borraja, flor de tilo	
Palmarrosa	De seca a normal, envejecida	Regenerativo, bueno para arrugas y cicatrices	Geranio, palisandro, madera de sándalo	Aguacate, avellana, flor de tilo	
Árbol del té	De normal a grasa	Repele y destruye las bacterias, bueno para el acné y los hongos	Lavanda, ilang–ilang	Jojoba, macadamia	
Ciprés	Grasa o con poros abiertos, congestionada, enrojecida o hinchada	Activa la circulación sanguínea y linfática, disminuye las vénulas	Geranio, ilang–ilang	Avellana, borraja, caléndula	Evitar al principio del embarazo
Limón	Grasa o infectada	Reafirma, limita el crecimiento bacteriano, elimina las células muertas, activa la circulación	Ilang–ilang, rosa	Avellana, cardo	Aumenta la reacción a los rayos solares, irrita la piel sensible
Ilang–ilang	Grasa y mixta	Reafirma, modera la producción de sebo	Palmarrosa, lavanda, ciprés	Cardo, girasol	
Manzanilla romana	Dañada, grasa, envejecida	Calma y ayuda a prevenir la inflamación y la infección bacteriana; bueno para la piel seca y sensible y las vénulas	Palisandro, lavanda, madera de sándalo	Oliva, caléndula, avellana	Evitar al principio del embarazo

masaje de cuatro minutos

Puedes hacerlo después de retirarte el maquillaje utilizando un aceite de soporte o mientras te aplicas la crema hidratante. Una vez hayas memorizado la tabla, no deberías tardar más de 3 o 4 minutos. Intenta hacerlo todos los días.

1. Ponte en la mano una cucharadita de aceite, frótate las manos y aplícatelo en el cuello y la cara con movimientos largos y profundos, hacia arriba y hacia fuera. No te pongas mucho en torno a los ojos, donde la piel es más delicada, y hazlo con el dedo anular de ambas manos.

2. Alternando las dos manos, sube desde la base del cuello hasta la mandíbula, gira las manos si fuera necesario y masajea ligeramente la tráquea. Trabaja todo el cuello, de oreja a oreja.

3. Con los dedos índice y corazón de ambas manos, sigue firmemente la línea del mentón hasta la parte frontal de las orejas. El dedo índice debería estar sobre la mandíbula y el dedo corazón debajo.

4. Con los dedos juntos y rectos y las manos apuntando a la frente, aprieta con fuerza el borde de las manos a ambos lados de la nariz. Espera unos 3 o 4 segundos.

5. Desliza las manos por las mejillas hacia fuera y, con el dedo índice de ambas manos, presiona firmemente la parte frontal de las orejas. Mantén la presión 3 o 4 segundos y repite la operación.

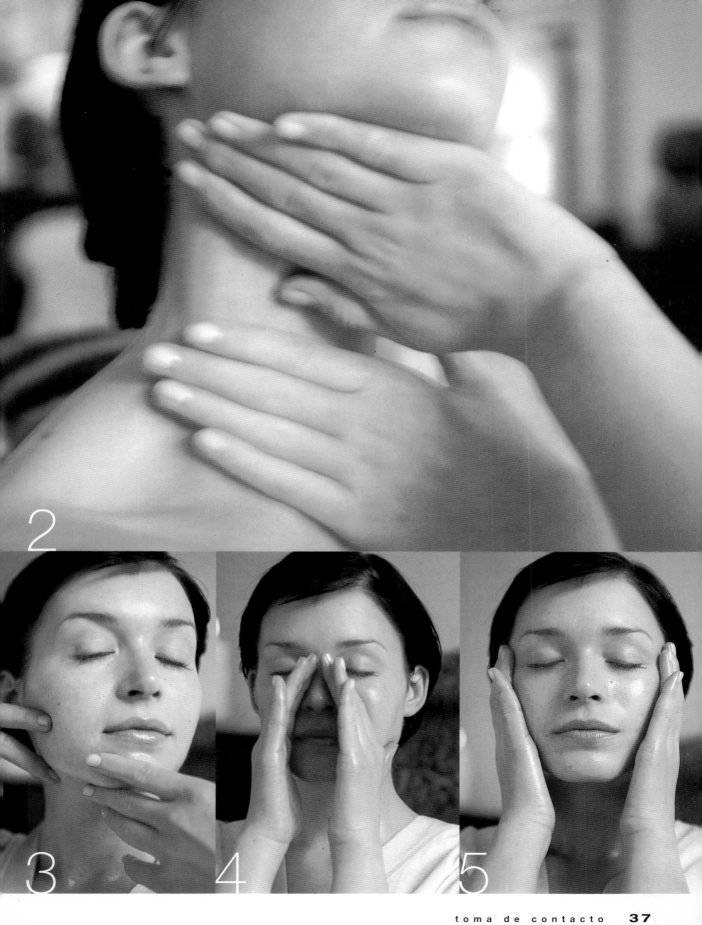

2

3

4

5

6

6a

7

7a

8

9

10

11

6. Manteniendo los dedos debajo del mentón, lleva los pulgares hacia arriba simétricamente alrededor de las comisuras de la boca; luego deslízalos debajo de la nariz, alrededor de los orificios nasales y ligeramente sobre la punta.

7. Empezando por los extremos interiores de las cejas, desliza firmemente los dedos corazón y anular de ambas manos hacia fuera, sobre las cejas. Lleva suavemente el anular hacia dentro bajo los ojos.

8. Desliza ligeramente el dedo anular de ambas manos hacia fuera, sobre los párpados cerrados, y suavemente bajo los ojos.

9. Con los dedos juntos y los índices marcando el camino, desliza alternativamente las palmas de las manos hacia la línea del cabello con un movimiento firme de levantamiento, empezando entre las cejas y terminando en la raíz del cabello.

10. Cierra los ojos y, con los dedos juntos y poniendo ambas manos ligeramente en forma de copa para producir una suave succión, aplica una firme presión sobre la cara, esperando un momento antes de soltarla. Entonces, moviendo las manos hacia fuera desde la nariz hasta las orejas, cubre toda la cara; mueve las manos arriba y abajo para abarcar la zona comprendida entre la barbilla y la raíz del cabello.

11. Con los dedos juntos y utilizando toda la mano, presiona con la derecha la parte izquierda del cuello, trabajando desde la base del cuello hasta la mandíbula pero evitando la tráquea. Repite la operación con la mano izquierda, presionando la parte derecha del cuello.

masaje de quince minutos

Versión ampliada del masaje de 4 minutos, que es mejor hacer al final del día.

1. Ponte dos cucharaditas de aceite en una mano, frótate las manos y aplícate el aceite en la cara, el cuello, los hombros y los antebrazos.

2. Con los nudillos de ambas manos apuntando hacia dentro, realiza movimientos circulares de amasar en la parte superior del pecho.

3. Alternando las manos, amasa sobre los músculos de los antebrazos (deltoides) y los hombros (trapecios). Intenta que el brazo que estás trabajando se encuentre lo más relajado posible.

4. Utilizando una mano cada vez y con las puntas de los dedos planas, realiza un movimiento de amasar y estrujar en la parte superior del hombro opuesto, hacia el músculo del trapecio, que contribuye a sostener la cabeza. Mientras trabajas los hombros, apoya el brazo que trabaja sobre el codo.

5. Utilizando las dos manos y con las puntas de los dedos índice, corazón y anular planas, aplica una presión firme y circular en los músculos de los lados de la espina dorsal, desde la base del cráneo hasta la base del cuello.

6. Trabajando alternativamente con cada mano el hombro opuesto y manteniendo las puntas de los dedos planas, aplica presiones lentas y profundas en el músculo de la parte superior del hombro, tras la clavícula. Empieza por un extremo del músculo y trabaja gradualmente hacia dentro, en dirección a la base del cuello. Presiona firme y profundamente, aumentando con suavidad la presión cuando notes blando el músculo y sosteniéndola hasta que parezca que la tensión se libera.

Sigue el paso 2 del masaje de 4 minutos.

7. Con los dedos de una mano, presiona suavemente en el lado y un poco por debajo de la nuez durante 7-10 segundos. Repite el movimiento dos veces en cada lado, alternando las manos.

Sigue el paso 3 del masaje de 4 minutos.

8. Con los dedos un poco separados y las puntas planas, presiona ligeramente la parte superior de la mandíbula, desde la barbilla hacia fuera y hacia el ángulo de la mandíbula. Sigue en dirección a las mejillas, aplicando firmes presiones en pasadas que terminen en los pómulos. Repite los movimientos, subiendo cada vez un poco más hasta terminar en la parte superior de los mismos.

9. Presiona circularmente con el dedo corazón para masajear la articulación del maxilar que sobresale cuando aprietas los dientes.

Sigue el paso 4 del masaje de 4 minutos.

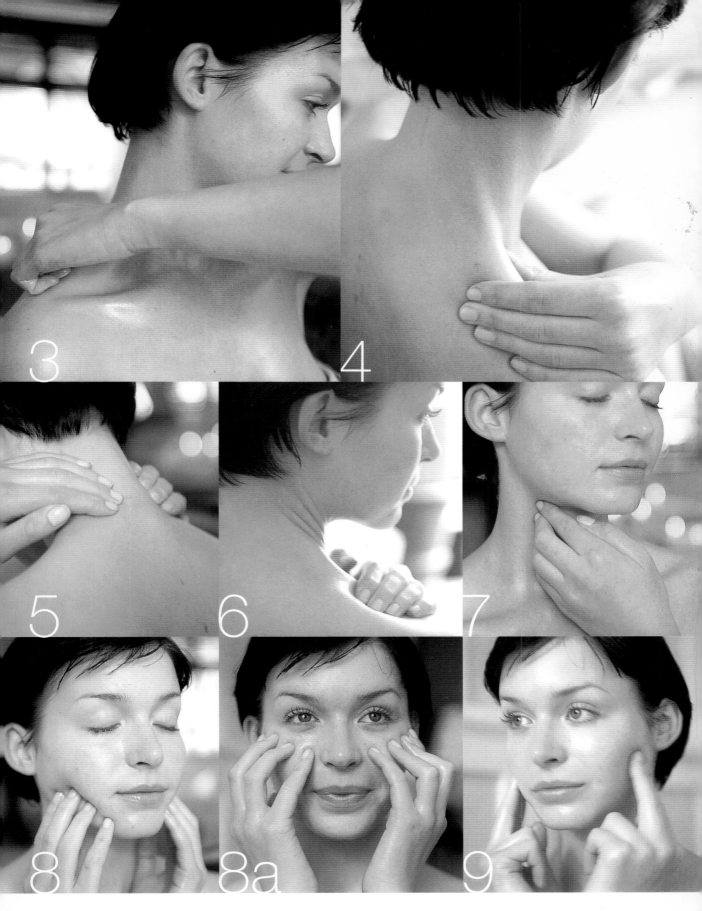

3

4

5

6

7

8

8a

9

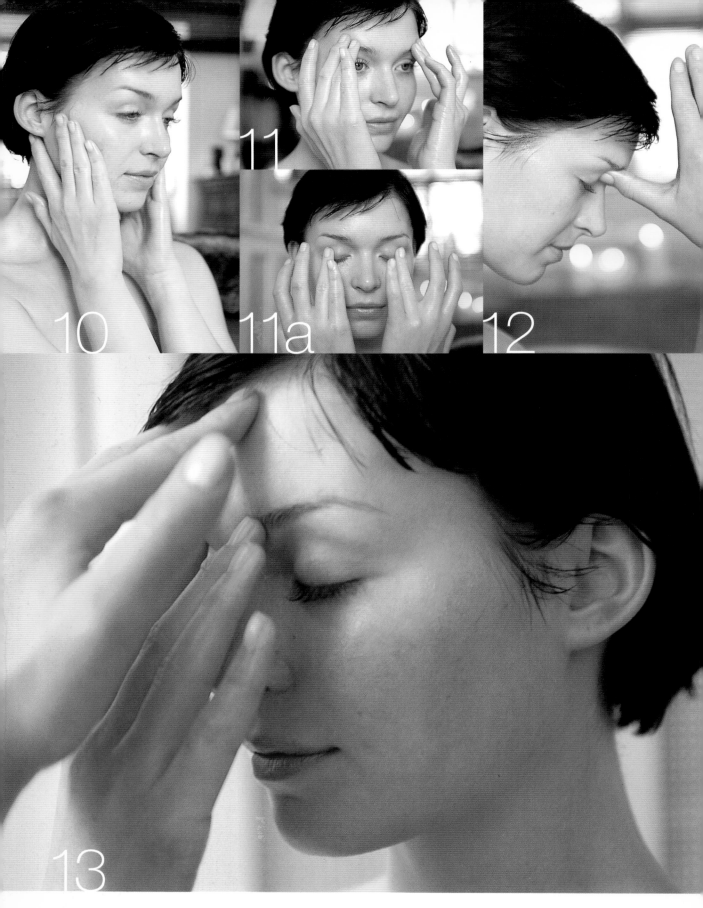

10

11

11a

12

13

10. Coloca las manos a los lados de la cara con los dedos índices tras las orejas y los demás delante. Presiona hacia abajo, desde la parte delantera de las orejas hacia el ángulo de la mandíbula.

Sigue los pasos 6, 7 y 8 del masaje de 4 minutos.

11. Con los dedos anular y corazón de ambas manos, presiona firmemente moviendo las manos hacia fuera a lo largo de las cejas y hacia dentro por debajo de los ojos, presionando sobre las cuencas.

12. Apoyando los codos en la mesa, presiona firmemente con los pulgares la parte interna de los ojos, relajando la cabeza sobre dichos dedos. El punto suele ser sensible, es decir que empieza con una presión suave y auméntala gradualmente a medida que se libere la tensión. Presiona a lo largo de la zona superior de la cuenca del ojo.

13. Con los dedos índice y corazón de ambas manos, utilizándolas alternativamente, aplica una presión firme sobre los ángulos interiores de las cejas. Libera ligeramente la presión y deslízate desde la frente hasta la raíz del cabello. Repite la operación unas cinco o seis veces, en un movimiento fluido y continuo.

Sigue los pasos 9, 10 y 11 del masaje de 4 minutos.

14. Utilizando ambas manos a la vez, con los dedos ligeramente separados, aplica series de presiones firmes desde las cejas hasta la raíz del cabello, cubriendo toda la frente.

14

Puede haber zonas de la cara que necesiten una atención especial. Los siguientes ejercicios sirven como remedio o como prevención, y pueden introducirse en las tablas de masajes de 4 o 15 minutos.

1. Para la papada
Con los dedos relajados, presiona con los pulgares el músculo de debajo de la mandíbula, empezando por el centro del mentón y trabajando hacia fuera y hacia el ángulo del maxilar. Hazlo después del paso 2 en el masaje de 4 minutos o del paso 6 en el masaje de 15 minutos.

2. Para la mandíbula
Utiliza alternativamente los dedos corazón y anular planos de ambas manos, primero en un lado de la cara y después en el otro. Trabaja los músculos de las mejillas (el masetero y el cigomático; véase el diagrama de la página 53) con un movimiento ligeramente enrollado y hacia arriba, casi pellizcando el músculo para levantarlo. Hazlo después del paso 4 en el masaje de 4 minutos o del paso 10 en el masaje de 15 minutos.

3-4. Para los labios arrugados
Sonriendo para tensar los labios y apoyando el dedo corazón de la mano izquierda en la comisura izquierda de la boca, realiza movimientos pequeños y circulares con el dedo corazón de la mano derecha alrededor del borde del labio inferior. Cambia de mano y con el dedo corazón de la mano izquierda repite los círculos en el borde del labio superior. Hazlo después del paso 6 en el masaje de 4 minutos o del paso 10 en el masaje de 15 minutos.

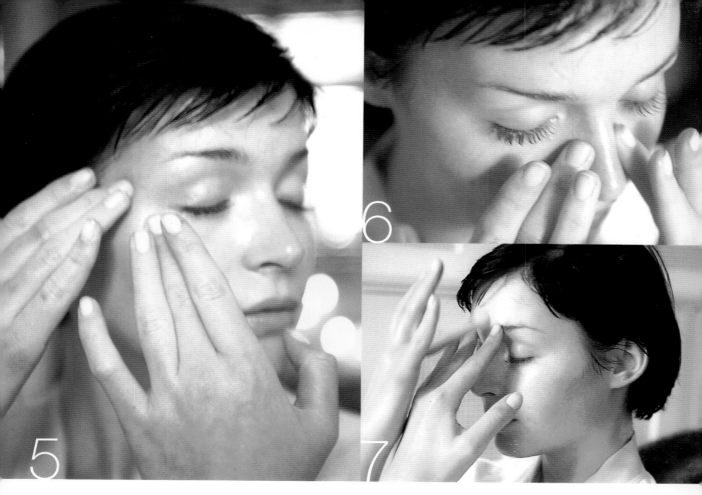

5. Para las patas de gallo

Trabajando con el dedo corazón o con el anular y alternando ambas manos, realiza una especie de encrucijada donde estén saliendo las patas de gallo, trazando primero una línea horizontal y después otra vertical desde la esquina del ojo hacia la sien. Hazlo después del paso 8 en el masaje de 4 minutos o del paso 10 en el masaje de 15 minutos.

6. Para los poros abiertos de la nariz y entre los ojos

Con el dedo corazón o anular, haz movimientos pequeños y circulares alrededor y encima de la nariz. Empieza en torno a las ventanas, en la punta y a los lados, y termina en el puente. Hazlo después del paso 2 en el masaje de 4 minutos o del paso 6 en el masaje de 15 minutos.

7. Para las arrugas entre los ojos

Sosteniendo la piel hacia dentro y hacia arriba en forma de «V» con los dedos índice y corazón de la mano izquierda, aplica movimientos circulares pequeños entre las cejas con el dedo anular de la mano derecha. Hazlo después del paso 8 en el masaje de 4 minutos o del paso 12 en el masaje de 15 minutos.

8. Para las arrugas de la frente

Localiza las arrugas de la frente. Empezando por el ojo derecho, realiza movimientos pequeños, circulares y deslizantes a lo largo de cada arruga, de derecha a izquierda, con el dedo corazón de la mano derecha. Con los dedos índice y corazón de la mano izquierda, sujeta con firmeza la piel a ambos lados de la arruga. Repite el movimiento en todas las arrugas. Hazlo después del paso 9 en el masaje de 4 minutos o del paso 14 en el masaje de 15 minutos.

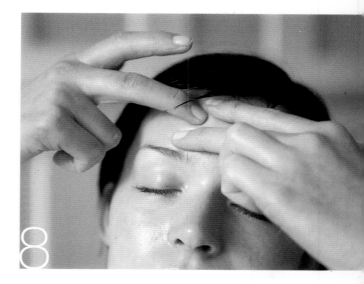

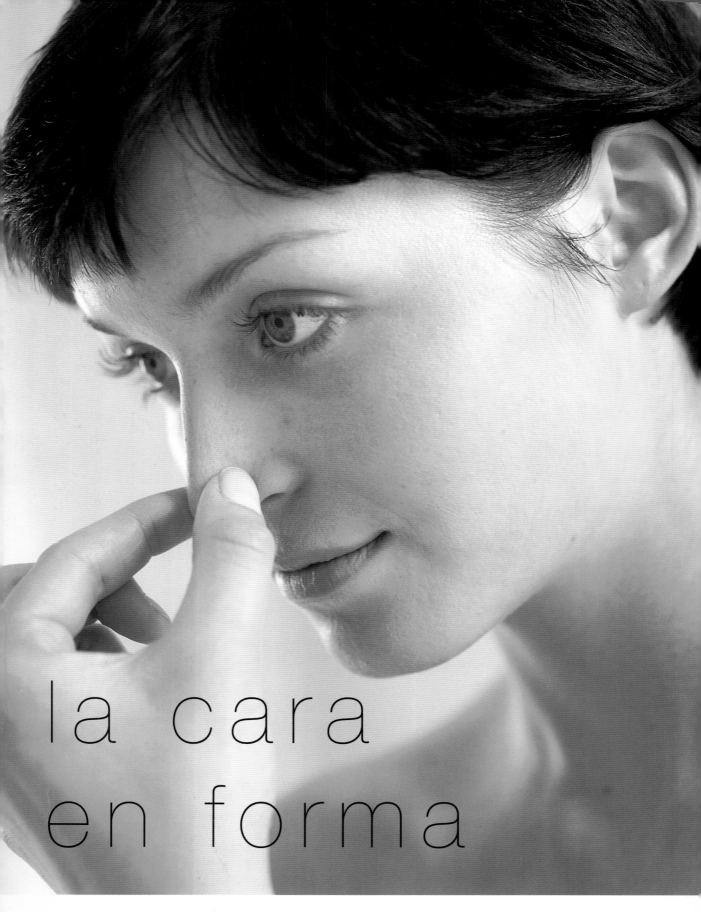

la cara
en forma

Entra en un gimnasio: verás a la gente ejercitando sus músculos hasta que no para de sudar. Se fuerzan los bíceps, tríceps y cuádriceps en un intento de reforzarlos y tonificarlos al máximo para soportar las exigencias de la vida diaria o del deporte.

La moda del ejercicio aeróbico y de esculpir el cuerpo, que ha dominado en las décadas de los ochenta y los noventa, ha hecho que incluso la gente más obstinadamente sedentaria adquiera conciencia de la importancia que tiene el tono muscular para la salud y el aspecto general. La combinación de fuerzas de las industrias del deporte y la moda hace que también seamos cada día más conscientes de músculos de cuyo estado depende nuestra vanidad, como el recto del abdomen, que sostiene el estómago, y los glúteos, que sostienen las nalgas.

En un día normal, ¿cuáles de los 656 músculos del cuerpo trabajan más horas y se hacen notar más? Sin duda los más de 50 de la cara, y sin que sus dueños lo adviertan. No puedes evitar darte cuenta de unos músculos del estómago fláccidos o de unas nalgas caídas porque siempre tienes que meterlos en unos pantalones o esconderlos bajo un vestido. Sin embargo, los músculos de la cara se encuentran invariablemente fuera de tu vista y sin que seas consciente de ellos.

Todos los músculos del cuerpo se dividen en voluntarios e involuntarios. Nuestra vida depende de los involuntarios, lo que está muy bien porque con las prisas del día a día podríamos hasta olvidarnos de respirar.

Los músculos que controlan la cara, al igual que los que dirigen las extremidades, son claramente voluntarios. Pero la diferencia con otros músculos es que los faciales se utilizan casi siempre de forma inconsciente. De día y de noche están sometidos a un régimen de castigo. Cuando estás soñando, tus párpados se mueven o tu mandíbula aprieta los dientes. Mientras lees esto, es posible que estés frunciendo el ceño. Cuando hablas por teléfono, aunque nadie te vea, tu cara expresará lo que dicen tus palabras.

Por tanto, la cara está constantemente haciendo ejercicio. El problema es que en general se trata de un tipo de ejercicio negativo: los músculos se contraen, se tensan y se estiran de forma desigual en momentos diferentes.

Los músculos están diseñados para trabajar en grupos reducidos y para ser complementarios: un músculo alza la frente mientras otro la baja; uno curva el labio inferior y otro lo devuelve a su sitio. Cuando se utilizan con el objetivo para el que teóricamente están diseñados, trabajan en armonía, o sea que uno contrae y su compañero de equipo tensa.

Sin embargo, las expresiones inconscientes habituales distorsionan a menudo este modelo armonioso, provocando que ciertos músculos se tensen demasiado o se contraigan excesivamente, mientras que sus compañeros sufren la mala fortuna contraria. ¿Qué sucede en los tejidos que también se tensan, relajan o contraen de forma inadecuada? Los ceños se forman en la estructura profunda y en seguida salen a la superficie en forma de arrugas.

Además, si los dos lados de la cara no se ejercitan conscientemente con la misma intensidad, tal como fueron diseñados, se vuelven asimétricos, y ya se sabe que la simetría es un principio fundamental de la belleza.

Los contornos desequilibrados y las arrugas aparecen por todo el cuerpo un día u otro. Pero esto sucede antes en la cara, como consecuencia de que todos sus músculos, menos uno, están unidos por un extremo al tejido en lugar de al hueso.

Como cualquier otra parte de la anatomía, la cara está hecha de músculo, piel, tejido y nervios. Entonces, ¿por qué ni siquiera los individuos más conscientes consiguen mantenerlos a tono? En parte porque los incesantes mensajes y promesas de la industria cosmética convencen a la gente de que la única solución para una cara colgante debe llegar del exterior. Pero también porque la gente no es consciente de forma rutinaria de los músculos de su cara, por mucho que los haga trabajar.

Lo primero, pues, es ser consciente de los músculos faciales tanto como se es de los demás músculos voluntarios del cuerpo.

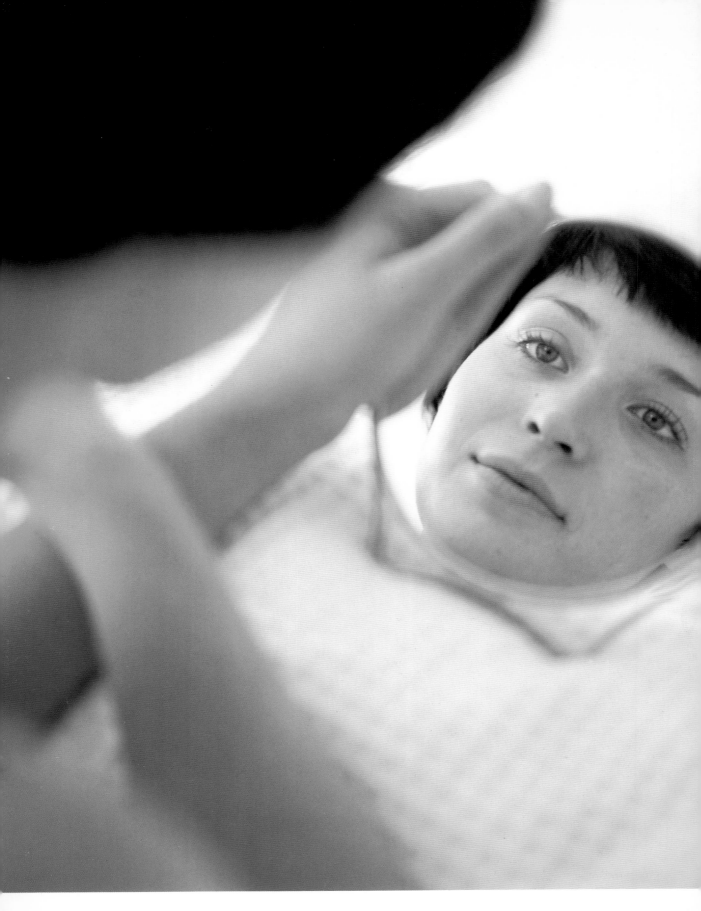

músculos
importantes

Tienes que aprender a mirar los músculos faciales de la misma manera que una figura jadeante que hace abdominales en el gimnasio mira el recto del abdomen, que sostiene su estómago como una faja.

Los músculos faciales influyen en el contorno de cada uno tanto, o incluso más, como poco cuesta ejercitarlos. Naturalmente, la forma de tu cara está determinada por la estructura ósea. Sin la ayuda de un cirujano plástico, poco podrás hacer por una nariz romana bulbosa o unas orejas protuberantes que hayas heredado. Sin embargo, ejercitando los músculos, puedes fortalecer el mentón o hacer que los ojos parezcan menos hundidos, los labios más llenos o los pómulos más prominentes.

Los músculos encargados de la expresión facial tienen dos o tres capas, la mayoría con un extremo unido al hueso y el otro a una vaina de tejido conectivo. El ejercicio ayuda a que notes cómo trabajan estos músculos y, por tanto, adviertas cuándo se están «ejercitando» mal. Más a menudo de lo que nos gustaría, nuestros músculos faciales se usan para formar muecas, tirones y ceños, todos los movimientos que tiran la cara hacia abajo. Como hemos visto, hacia donde va el músculo, le sigue la piel a la que está unido.

Un hecho que a menudo se menciona pero que vale la pena repetir es que cuesta dos veces más fruncir el ceño que sonreír. Sonreír implica sólo al músculo cigomático principal, pero para fruncir el ceño se necesita contraer dos o tres músculos.

Todos los músculos degeneran con la edad. La caída facial que resulta de ello empieza sutil y lentamente hacia los veinte años, se empieza a notar a los treinta y es motivo de preocupación invariablemente a los cuarenta. Sin embargo, un ejercicio de la misma intensidad hacia arriba los refuerza y los levanta, a pesar de que la velocidad y la eficacia con que pueden reforzarse disminuye gradualmente con los años.

Nalgas arriba

Si todavía no estás convencida de que el estado de tu musculatura facial define tu cara, igual que los deltoides y los pectorales de los remeros definen sus hombros y su pecho, haz esta prueba. Coloca un espejo en el suelo y ponte de pie de espaldas a él. Separa los pies de forma que estés firmemente equilibrada. Doblándote por la cintura, baja la cabeza de modo que te veas la cara al revés. ¿Ves los pliegues que se forman en tu piel? Más músculo, como seguramente tenías hace tiempo, ayudaría a disminuir la caída.

Necesitas ser consciente de los músculos faciales cuando no te estés mirando al espejo al revés.

Si has empezado a hacerte masajes, ya estarás aprendiendo dónde están y a sentirlos externamente. El ejercicio ayuda a sentirlos trabajar de forma individual. No siempre serás consciente de todos ellos, pero si aprendes a controlar los 18 músculos principales (véase la página 53), puedes empezar a rejuvenecer tu cara.

Siente tu cara

Aunque los músculos de la cara son de los más ocupados del cuerpo, no son los más fáciles de controlar. Pide a alguien que corra por una pista y, en condiciones normales, podrá hacerlo. Ínstale a que levante

un peso pesado y, siempre que pueda mantener el equilibrio, sabrá cómo hacerlo. Pero mucha gente no puede abrir los orificios nasales, mover las orejas o encoger el cuero cabelludo.

Esto es así porque los músculos que controlan estos movimientos no los necesitamos a diario para hacer las cosas. Por suerte, ninguno de ellos afecta a la forma o el tono de nuestra cara y, por tanto, no constituyen parte integral de una tabla de ejercicios. Pero hay otros músculos faciales infrautilizados, que es necesario controlar.

Estos músculos no están completamente dormidos. A menudo los mueves mientras duermes o de modo involuntario cuando flexionas otros músculos más importantes. Pero ¿cómo puedes aprender a sentirlos y moverlos conscientemente? En cierto modo es como aprender a hablar una lengua extranjera. Debes aprender qué músculos producen determinados movimientos. La razón por la que los emigrantes tienen siempre acentos tan fuertes es porque utilizan los mismos músculos y movimientos de la lengua, la garganta y los labios que en su propia lengua para intentar producir los nuevos sonidos.

Esto nunca funciona. Primero hay que aprender, de alguien que lo haga naturalmente, la posición de la lengua para producir el sonido y después intentar con constancia emitir el sonido en soledad. Nueve de cada diez veces éste acaba por salir espontáneamente.

La persistencia física es sólo un extremo de la ecuación: la imaginación es el otro. Visualizar los músculos que necesitas ejercitar, pero no consigues sentir, puede ayudarte a hacerlos participar de forma consciente.

la edad no es una excusa

Cuanto antes te pongas a hacer gimnasia facial, mejor. Si empiezas a los veinte años, podrás retrasar algún tiempo la aparición de auténticas arrugas. Los músculos más jóvenes se refuerzan más rápidamente con el ejercicio que los más viejos y, como son más elásticos, son menos susceptibles de lesionarse.

Por la misma regla de tres, nunca es tarde para empezar. De hecho, los ejercicios se recomiendan a las personas que han pasado por una operación de estética en la cara, y la mayoría de ellas tienen cuarenta o cincuenta años. Algunos buenos cirujanos recomiendan que los pacientes realicen un programa de ejercicios faciales antes de someterse a la cirugía, a fin de fortalecer el músculo. Esto lo hace más flexible durante el período de recuperación que sigue y más fácil de reforzar posteriormente.

Cómo envejece un músculo

A partir de los treinta años, la musculatura del cuerpo empieza a encogerse porque sus fibras pierden proteínas. Se mantiene el número de fibras, pero su diámetro disminuye y el músculo se hace más fino. También se reseca y pierde líquido, pero no longitud; incluso puede hacerse más largo si se estira. Esto da lugar al aspecto caído de la vejez.

El proceso sucede tan lentamente que es imperceptible, a no ser que se comparen en una foto los antebrazos de una persona a los 25 y a los 45 años. Los músculos de la parte superior del cuerpo se atrofian más rápidamente porque no se ven obligados a acarrear peso a diario. Considerando el efecto en los brazos, que sí utilizamos para levantar pesos aunque no tan continuamente como las piernas, imagínate lo rápidamente que se encogen los músculos faciales.

Otra consecuencia del encogimiento de la musculatura es que viene acompañada por un descenso en la producción de hormonas esteroides de las glándulas suprarrenales y sexuales. A estas hormonas debes, entre otras cosas, que tengas una piel lisa y flexible. El ejercicio puede ayudar a retrasar la disminución de los niveles de hormonas, así que mantener los músculos activos presenta múltiples beneficios.

Beneficios suplementarios

Los músculos de debajo de la piel no son los únicos que se benefician del ejercicio. El entrenamiento facial también parece tener efectos sobre el tejido conectivo adjunto. Se cree que, al aumentar el suminis-tro de oxígeno y nutrientes al tejido, el ejercicio estimula el crecimiento celular de las fibras elásticas del colágeno y la elastina, que naturalmente se atrofian con la edad. Esto contrasta con la capa superior de la piel, que con los años se hace más fina, por muchas lociones y potingues de marca que utilices.

Otro elemento que disminuye con la edad es la grasa. Aunque muchas mujeres se pasan la adolescencia y la edad adulta considerando el tejido adiposo su peor enemigo, cuando éste desaparece de la cara lo echan de menos. Donde antes estaba la grasa, se congregan las arrugas. Esto es más evidente donde la piel es más fina, como alrededor de los ojos. Cuando esta zona pierde el poco tejido graso que tenía, los ojos adquieren una apariencia hundida que a menudo se exagera con círculos de piel oscura. De modo que cuando la grasa de la cara se atrofia, adquirimos un aspecto más chupado.

Una opción es aumentar la ingestión de calorías, pedir patatas fritas a todas horas y aceptar la indignidad de lucir un par de muslos bamboleantes. Una solución más atractiva es rellenar de nuevo la piel con musculatura con ayuda de ejercicios.

Los músculos de la cara

Hay más de 50 músculos solamente en la cara (véase el diagrama de la página siguiente) y más de 40 que contribuyen al movimiento facial, la mayoría en el cuello y los hombros. No te preocupes: no tendrás que ejercitar más de la mitad para que se note la diferencia de tono en tu cara.

1 Temporales: los músculos de la sien que permiten que la mandíbula se cierre.

2 Frontales: los músculos de la frente que permiten arrugarla.

3 Orbiculares: el anillo de músculos alrededor del ojo que produce las arrugas asociadas a la risa y a la sonrisa.

4 Cuadrado del labio superior: el músculo del labio superior que hace aparecer una sonrisa en él.

5 Cigomático: el músculo de la mejilla que ayuda a mover la boca.

6 Masetero: el músculo para masticar que cierra la mandíbula.

7 Esternocleidomastoideo: conecta el pecho y la clavícula al cráneo y permite girar la cabeza.

8 Triangular: facilita la caída de las comisuras de la boca en expresiones de desagrado.

9 Orbicular del labio superior: el anillo de músculos del labio superior permite el movimiento de los labios.

10 Buccinador: estos músculos profundos de la mejilla producen la formación de hoyuelos cuando nos reímos.

11 Orbicular del labio inferior: el anillo de músculos del labio inferior también es capaz de mover los labios.

12 Cuadrado del labio inferior: el músculo del labio inferior.

13 Cuadrado del mentón: el músculo del mentón.

14 Digástrico: produce la «doble barbilla» y mantiene flexible la mandíbula inferior.

15 Escaleno medio: el músculo triangular de lados irregulares.

16 Omohioideo: el músculo de la paletilla.

17 Esternohioideo: el músculo del hueso hioides del esternón.

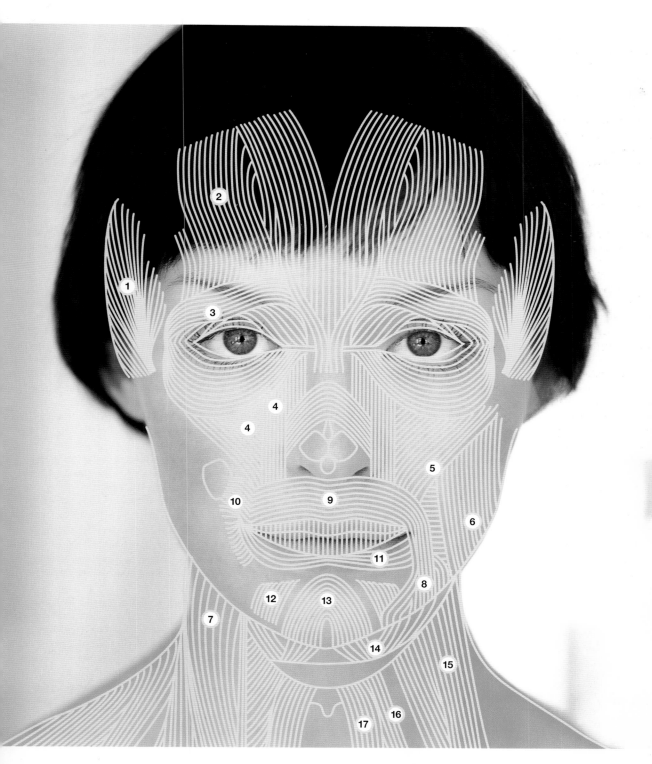

la postura

Los modos de vida sedentarios característicos de la época actual no hacen ningún favor a nuestra cara. Acostumbrados a desplomarnos y arrastrarnos, sólo nos sentamos y nos fijamos en nuestra postura cuando una tensión en la espalda o el hombro nos obliga a ello. Pero una mala postura también tiene efectos negativos en la cara y el cuello. Mantener el cuerpo recto es una forma de ejercicio que condiciona los músculos del cuello y la cara. Si los músculos de los hombros y el cuello se debilitan o sufren un tirón por una mala postura, la tensión que resulta de ello disminuirá el flujo sanguíneo vital para la cara.

La postura está afectada por muchas partes del cuerpo, pero si te concentras en las cuatro zonas principales descritas a continuación, marcarás una gran diferencia en tu porte que se reflejará en tu cara.

Cuello

Los niños aprenden a caminar mucho más tarde que otros mamíferos porque, para albergar sus grandes cerebros, necesitan unas cabezas desproporcionadamente grandes. En la edad adulta la proporción puede haberse igualado, pero la cabeza, de unos cinco kilos de peso, sigue necesitando el apoyo del cuello para sostenerse.

La mayor parte de las personas aguantan la cabeza demasiado hacia atrás, poniendo excesiva tensión en el cuello para compensar, simplemente para que el peso del cuerpo no tire hacia atrás. La tensión resultante en el cuello interrumpe el flujo sanguíneo a la cara y priva a los músculos de soporte del ejercicio que necesitan, o sea que pierden tono. La consecuencia más obvia es un cuello arrugado. Como el cuello tiende a envejecer antes que la cara, éste es un problema que es mejor evitar.

Para liberar la tensión del cuello, realiza diariamente algunas flexiones en el mismo. Espirando, relaja los hombros e inclina la cabeza hacia delante. Después gira el cuello hacia atrás, para que descanse sobre la parte superior de la columna, y en dirección a los hombros. Probablemente oirás crujidos alarmantes en cada punto en que los nudos de tensión se liberan.

Para ayudar a sostener el cuello como una extensión de la columna, que es como debería ser, intenta la visualización. Cuando estés sentada o caminando, ocupada en tus asuntos cotidianos, imagínate que una cuerda se extiende hacia arriba desde la coronilla, en el punto en que el cuero cabelludo se junta con la primera vértebra. Alternativamente, imagínate que tu cabeza es un globo que tira ligeramente de ti. Al mismo tiempo, intenta no encorvar los hombros, sino mantenerlos separados y relajados, y apartados de las orejas.

Parte superior del cuerpo y hombros

Cuando a la gente se le recuerda su mala postura, lo primero que hace es echar los hombros hacia atrás como en un desfile militar. Esto produce tensión en el cuello y los hombros, encoge la columna y limita la respiración. Es mejor mantener la espalda recta y pensar que la columna se extiende de modo que el espacio entre cada vértebra aumenta.

Imagínate tus paletillas, cómodamente separadas, apartándose de las orejas hacia las nalgas. Esto abre la caja torácica, permitiendo que los músculos de la espalda se alarguen, y proporciona a los pulmones mucho espacio para expandirse.

Pelvis

La pelvis marca el centro de gravedad del cuerpo, de modo que es crucial mantener una buena postura. Sólo tienes que observar el paso de una bailarina profesional, que característicamente se desliza desde las caderas, para ver que es esencial mantener un buen equilibrio.

Para evitar tensiones en la parte baja de la espalda y corregir las malas posturas, imagínate que eres Elvis Presley o Michael Jackson y empuja la pelvis hacia delante repetidas veces todos los días.

Pies

Probablemente no hay otra parte del cuerpo de una mujer más olvidada o de la que se abuse más que los pies. En nombre de la moda, se meten en unos zapatos con una forma que tiene menos que ver con un pie humano que una calabaza con una piel de plátano. En consecuencia, los juanetes, las ampollas y los callos pueden dar de comer a los podólogos, pero no benefician en nada a tu postura. Es más, el primer lugar en que se registra el malestar de forma visible es en la cara.

Ponte de pie, con los pies desnudos o con unos zapatos blandos, separados la distancia de los hombros. Reparte el peso equitativamente entre los talones y las puntas y mantén los dedos ligeramente separados.

No cargues más peso sobre un pie que sobre otro: el desequilibrio se trasladará a un lado de la cadera y de allí a la columna vertebral, que se torcerá para compensarlo y pondrá tenso el cuello.

Tómate tu tiempo

Del mismo modo que un músculo envejece lentamente, también mejora lentamente con el ejercicio. No tengas tentaciones de hacer más de lo indicado para obtener resultados más rápidos; no será así, y el esfuerzo quizá te lleve a abandonar la tarea y a ir en busca del último «gel rejuvenecedor».

A corto plazo, deberías apreciar una mejoría en tu cutis a los pocos minutos del ejercicio. Esto se debe al aumento de circulación sanguínea y flujo linfático más que a una musculatura más firme. Podrías obtener el mismo efecto poniéndote cabeza abajo todas las mañanas durante unos minutos. El efecto puede durar un día, pero desaparecerá si no haces el ejercicio al menos cada dos días.

Los músculos parecen mejorar a diferentes velocidades, dependiendo de su tamaño y proximidad a la piel superficial. La mejora en el tono de las mejillas, por ejemplo, debería ser visible a las pocas semanas. Los resultados en el cuello y la mandíbula pueden tardar más tiempo en verse.

tres pasos para una cara en forma

Todos los ejercicios de las tablas siguientes y anteriores siguen un patrón parecido de tres partes, basado en los principios comunes siguientes:

Encontrar La idea obvia es que para poder ejercitar un músculo primero necesitas encontrarlo, pero no es tan fácil. Los músculos dormidos estarán poco prominentes y para localizar los pequeños necesitarás bastante práctica. Al principio te irá bien mirarte en el espejo mientras haces los ejercicios. (Si te produce risa, mejor: es mejor tener patas de gallo que arrugas en la frente.)

Resistir Proporcionar resistencia contra la cual el músculo pueda ejercer su fuerza limita el flujo sanguíneo al mismo. Entonces el flujo se incrementa y el oxígeno en la nueva corriente de sangre nutre y refuerza el músculo.

Relajar El músculo ejercitado necesita ser relajado de forma consciente después de tensarlo. De otro modo, la tensión y la tirantez interferirán con una circulación sanguínea óptima y se pueden producir calambres.

Trucos para el ejercicio facial

- Asegúrate siempre de que tu cara esté relajada antes de empezar (véase la página 117).
- Aplícate una crema ligera o aceite, que ayude a minimizar cualquier tensión de la piel. Límpiate bien la cara antes de ponerte un lubricante.
- Calienta los músculos antes de empezar a ejercitarlos, particularmente si trabajas con regularidad una «zona problemática».
- Mientras te acostumbras a los ejercicios, coloca un espejo a la altura de la cabeza, de modo que puedas seguir cómodamente los movimientos, y mírate la cara mientras haces los ejercicios.
- No tires nunca de la piel: en ejercicios de resistencia, tiene que moverse el músculo, no la piel.
- Si sientes dolor, déjalo. Quizá estés utilizando los músculos equivocados. Lee las instrucciones, intenta visualizar los músculos, concéntrate en ellos y repite el ejercicio más tarde.
- Haz de forma equitativa los ejercicios que se efectúan en ambos lados de la cara. La simetría es uno de los principios fundamentales de la belleza corporal.
- Ejercítate todos los días si es posible: como con otras formas de tonificación corporal, un poco regularmente es más efectivo que una gran sesión de vez en cuando.
- Tómate tu tiempo para cada ejercicio: se obtienen más beneficios haciendo un ejercicio adecuadamente que diez a toda prisa.
- Relájate entre los ejercicios. El período de relajación debería ser tan largo como el dedicado a hacer el ejercicio.
- Céntrate en la respiración y no la contengas.
- Aunque estés cansada o tengas prisa, haz después los ejercicios de «enfriamiento».

Aunque pocas personas tenemos tiempo todos los días para comprobar que se cumplen estas condiciones antes de poner manos a la obra, en comparación con los ejercicios para otras partes del cuerpo los faciales no requieren equipo, ropa o espacios especiales. Puedes hacerlos prácticamente a cualquier hora y en cualquier lugar: en un atasco de tráfico, una cola, la mesa de trabajo o el baño.

Aunque te miren de un modo raro, tú reirás la última cuando los desconcertados o divertidos espectadores se encuentren con sus papadas y sus profundas patas de gallo.

Antes y después

Cuando entrenes cualquier parte de tu cuerpo con ejercicios, es importante hacer primero un calentamiento y después un enfriamiento. El calentamiento ayuda a aliviar cualquier tensión de los músculos que se utilizarán y a aumentar la circulación, mientras que un rápido enfriamiento ayuda a prevenir los calambres o dolores que pueden aparecer. La cara no constituye ninguna excepción y se beneficiará de los ejercicios de las páginas siguientes si antes y después haces los que aparecen a continuación.

Calentamiento De pie o sentada, extiende los brazos a los lados a la altura de los hombros. Realiza diez movimientos circulares pequeños hacia delante con todo el brazo, rotando desde los hombros. Haz lo mismo moviendo los brazos hacia atrás. Repítelo de 3 a 5 veces en cada dirección, aumentando la amplitud de los círculos en cada repetición. Esto ayuda a aflojar la zona de la garganta y el cuello, y mejora el flujo sanguíneo.

Enfriamiento Repite el procedimiento del calentamiento y después déjate caer hacia abajo con la cabeza casi tocando las rodillas. La parte superior del cuerpo debe estar floja, con los brazos colgando. Inspira y espira profundamente. Esto ayuda a mantener el flujo de linfa, que drena cualquier toxina que pueda haberse formado.

tabla de ejercicios

No tienes que hacer todos estos ejercicios. Elige los cuatro o cinco que hagan trabajar las zonas que quieres mejorar y no dediques más de un minuto a cada uno. Empieza ante un espejo y un atril en casa y practica los movimientos hasta que los domines y puedas hacerlos en cualquier lugar y cualquier momento libre.

Frente (izquierda)

Trabaja los músculos frontales que discurren por la frente. Ayuda a prevenir o disminuir las arrugas horizontales de la frente.

1. El frontal es fácil de identificar: simplemente levanta las cejas.

2. Pon una mano sobre la otra en la frente, con las puntas de los dedos apuntando hacia dentro, y presiona. No tengas miedo de presionar con fuerza porque este músculo facial está unido a dos huesos. Ahora levanta el músculo hacia el cuero cabelludo sosteniendo la presión de las manos. Espera 5 segundos y descansa. Repítelo 4 veces.

3. Para relajar el músculo de la ceja, cierra los ojos y mira con los ojos cruzados durante 5 o 10 segundos. Repítelo 3 o 4 veces.

Ojos (derecha)

Trabaja el anillo de músculos del ojo. Ayuda a levantar los párpados caídos y a disminuir o retrasar la aparición de las patas de gallo.

1. Cierra los ojos con fuerza. Lo que sientes es el anillo circular de músculos que corre alrededor de los ojos.

2. Manteniendo los ojos cerrados, apriétalos con fuerza, entornándolos y dirigiendo las pupilas hacia dentro, con los ojos cruzados. Espera unos segundos. Abre los ojos lo máximo posible e inmediatamente después mira un punto fijo, de modo que la pupila esté centrada.

3. Parpadea rápida y repetidamente de 10 a 15 veces, y después cierra los ojos despacio. Espera hasta que sientas que las pupilas han vuelto a la normalidad.

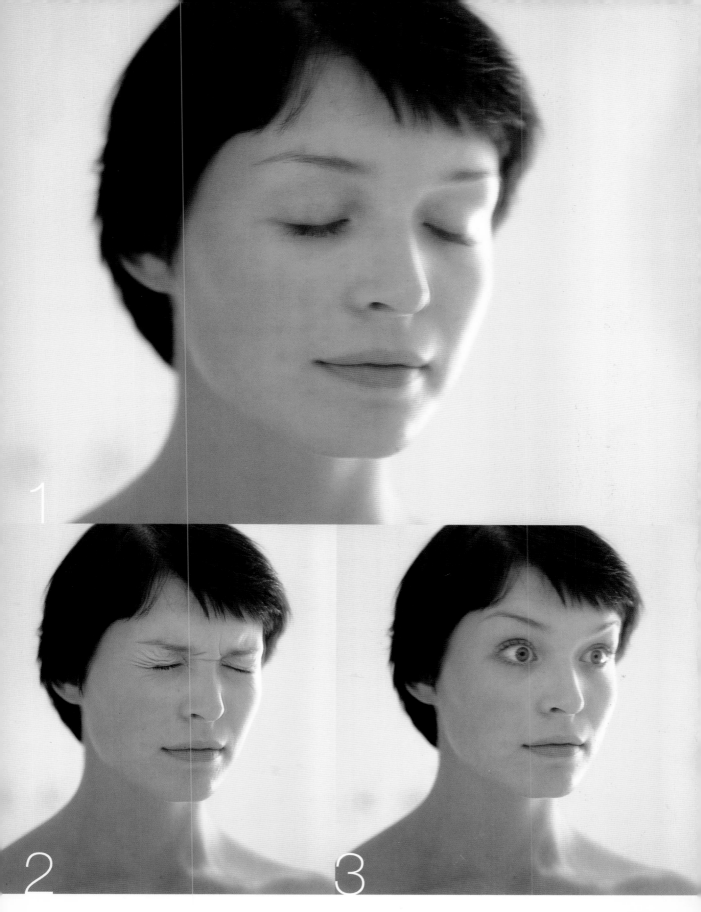

1

2

3

1

2

3

Nariz (izquierda)

Trabaja el músculo vasal, conectado al hueso en que están sujetos los colmillos. Ayuda a prevenir la ampliación de la nariz (que crece con la edad), afirma el músculo y lo mantiene flexible.

1. Hincha las ventanas de la nariz inspirando lentamente y con fuerza. Levanta la nariz e inspira. Contrae las ventanas mientras espiras. Repítelo 6 o 7 veces.

2. Repite el paso anterior, apretando suavemente las ventanas de la nariz con los dedos pulgar e índice. Espira lentamente por la nariz, sintiendo cómo se hunde tu pecho.

3. Con el dedo pulgar levanta la punta de la nariz y después tira de ella hacia abajo entre el pulgar y el índice. Repítelo 4 o 5 veces.

Boca y mentón (abajo)

Trabaja el músculo cuadrado del labio inferior, que mueve éste, y el músculo triangular pequeño de la barbilla. Ayuda a prevenir la aparición de la papada y la caída de las comisuras de la boca y la barbilla. También mejora el contorno y el tono de los labios.

1. Separa los labios manteniendo juntos los dientes superiores e inferiores. Tira de las comisuras de la boca hacia los lados para que la hilera de dientes de abajo quede a la vista.

2. Aprieta el índice y el corazón de ambas manos sobre las comisuras de la boca y tira de ellas hacia abajo.

3. Abre ligeramente la boca y balancea la cabeza con suavidad para aliviar la tensión alrededor del mentón.

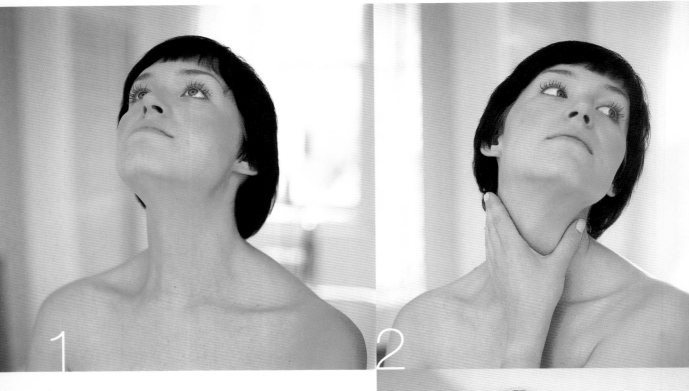

Cuello

Trabaja los cuatro músculos principales que se encuentran en el cuello, a ambos lados de la nuez. Ayuda a reafirmar la garganta y levanta el tejido del pecho, a la vez que mejora la circulación de la cara.

1. Echa la cabeza hacia atrás y estira hacia fuera la parte baja de la mandíbula. Impulsando la barbilla hacia fuera para que los dientes inferiores se superpongan a los superiores, siente cómo se extienden completamente los músculos del cuello. Espira el aire que queda en el pecho.

2. Gira la cabeza alternativamente a la derecha y a la izquierda, intentando mirar por encima de los hombros. Sosteniendo el cuello entre el pulgar y los demás dedos, vuelve a moverlo de un lado a otro.

3. Deja caer suavemente la cabeza varias veces hacia delante, hacia atrás, a la izquierda y a la derecha.

ejercicios complementarios para zonas con problemas

Arrugas de la frente

Trabaja la parte central del músculo frontal, ayudando a suavizar las arrugas horizontales de la frente.

1. Levanta las cejas, abre mucho los ojos y mira a un punto fijo directamente delante de ti.

2. Coloca las puntas de los dedos índice y corazón o anular justamente encima de las cejas y levántalas contra su resistencia.

3. Aprieta suavemente tres dedos de cada mano contra las cejas y menea la cabeza sin forzarla.

Líneas de expresión (derecha)

Trabaja los músculos cuadrados del labio superior. Ayuda a reducir la prominencia de las arrugas que van por el borde exterior de las ventanas de la nariz y las comisuras de la boca.

1. Levanta las comisuras de la boca y el labio superior, tensando éste hacia arriba y sobre los dientes superiores al tiempo que abres la boca unos dos centímetros. Mantén la boca y los músculos del cuello relajados. Deberías notar tensión en las mejillas.

2. Llena de aire una mejilla y después pásalo a la otra. A continuación hincha las dos mejillas y la zona sobre el labio superior, de modo que no queden arrugas horizontales ni verticales visibles. «Mastica» el aire. Repítelo de 5 a 10 veces.

3. Apretando un poco los labios, ábrelos un centímetro como si soltaras burbujas y espira el aire lentamente.

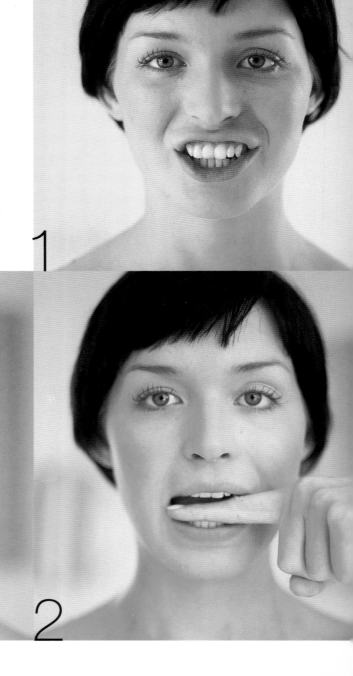

1

1

2

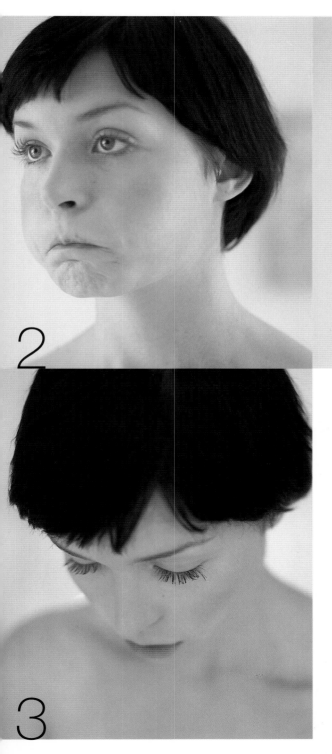

2

3

3

Mejillas caídas (izquierda)

Trabaja el músculo masetero que utilizas cuando masticas. Contribuye a dar forma al perfil de las mejillas y a levantarlas.

1. Aprieta los dientes con fuerza de 10 a 20 segundos, aumentando la presión lentamente. Siente cómo se contrae el músculo.

2. Coloca el dedo índice sobre los dientes inferiores y, manteniéndolo rígido, empuja hacia arriba los dientes contra él. Aguanta 10 segundos.

3. Inclina la cabeza hacia delante, relajando el cuello, y balancéala suavemente de un lado a otro como si dijeras «no».

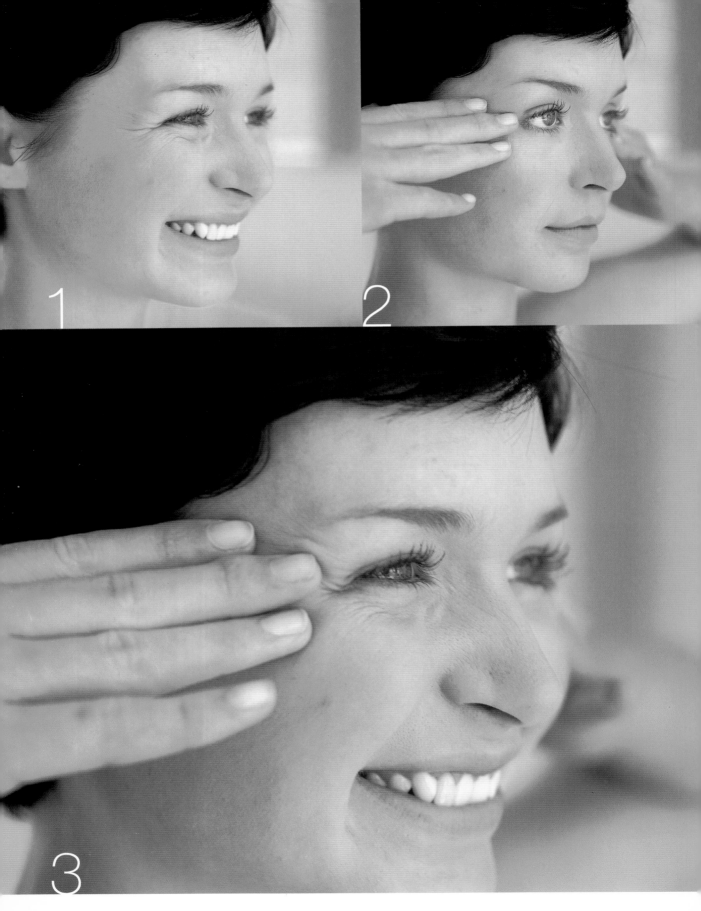

1

2

3

Patas de gallo (izquierda)

Trabaja la parte exterior del anillo de músculos del ojo, el orbicular, que se contrae cuando te ríes o sonríes.

1. Arruga los ojos para que puedas ver claramente las patas de gallo en el ángulo exterior de los ojos.

2. Coloca los tres dedos centrales horizontalmente, mirando hacia dentro, sobre la piel donde aparezcan las patas de gallo.

3. Intenta crear de nuevo las patas de gallo contra la presión de los dedos.

Arrugas del entrecejo (derecha)

Trabaja el músculo piramidal que crea las arrugas verticales que se forman entre los ojos cuando frunces el ceño.

1. Frunce el ceño con fuerza y después relaja los músculos.

2. Coloca los tres dedos centrales de ambas manos sobre el músculo temporal, en la parte exterior de las cejas, y frunce el ceño, sintiendo cómo tira bajo los dedos.

3. Cierra los ojos y afloja los músculos, sacudiéndolos y haciendo vibrar suavemente las puntas de los dedos sobre aquéllos.

Doble mentón (abajo)

Trabaja el músculo esternoideo, que está conectado al esternón y que se tensa cuando masticas o echas la barbilla hacia fuera.

1. Mantén la cabeza alta y tensa los músculos de los hombros. Pon la lengua atrás, hacia el paladar, y presiona hacia la garganta como si te la quisieras tragar. Si notas que este movimiento tensa demasiado tu piel, abre un poco la boca.

2. Intenta tragar. Repítelo 4 o 5 veces.

3. Inclina la cabeza, abre un poco la boca y mueve lentamente la cabeza de un lado a otro, con la mandíbula floja.

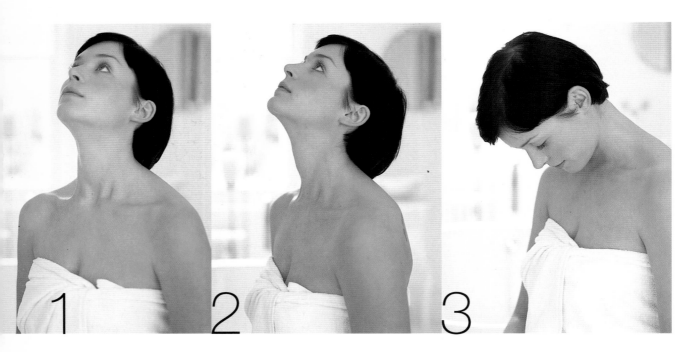

Arrugas del labio superior y mejillas caídas (derecha)

Trabaja el músculo orbicular que recorre los labios y forma grietas cuando los aprietas. También relaja el cuadrado del labio superior que tira de éste para formar la sonrisa.

1. Echa hacia delante los labios como si fueras a dar un beso.

2. Repítelo con los dedos índice y corazón apretados contra los labios.

3. Hincha los labios como un caballo.

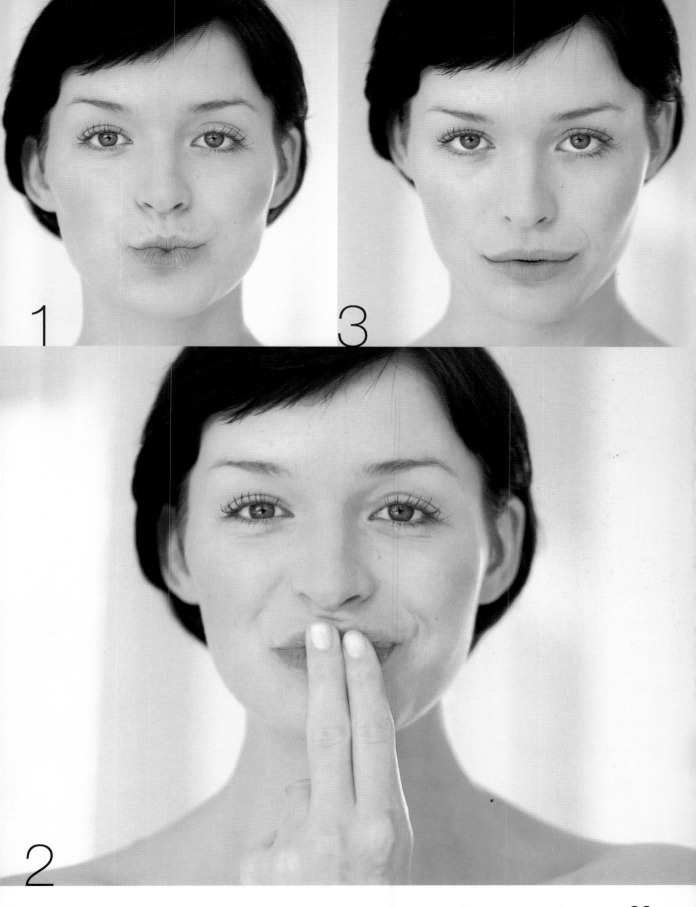

1

3

2

limpieza
general

problemas de toxicidad

Mucha gente cree que limpiar la piel consiste en utilizar discos de algodón y algo cremoso procedente de una botella. No es raro que los fabricantes no cesen de ofrecer nuevas soluciones para la limpieza de la piel, como les gusta llamarlo. La aparición de pastillas de jabón sin jabón, espumas, tiras para cerrar los poros y geles de limpieza, entre otros productos, ha incrementado enormemente las ventas, sobre todo entre las personas de treinta y cuarenta años. Los limpiadores representan una cuarta parte de los productos que se venden para el cuidado de la piel, y las ventas aumentan de año en año.

Normalmente los productos limpiadores se basan en aceites minerales con agua añadida, alcohol, antibacterianos, conservantes, densificadores, fragancias y ceras. Entre los ingredientes activos se encuentran el propilparabenceno, incluido para matar las bacterias, pero que puede provocar dermatitis; alantoínas, formuladas para suavizar, pero que son un irritante en potencia, y propilenglicol, cuya finalidad es retener la humedad, pero que a menudo causa sensibilidad y existe la propuesta de que se prohíba. Es verdad que eliminan la suciedad de la piel, pero hay que pagar un coste químico.

Es más, al igual que sucede con los ungüentos que se utilizan para curar las erupciones, estos limpiadores tratan la piel sólo por fuera. Así como una erupción alérgica es a menudo el síntoma de una reacción a un alimento, los problemas de la piel constituyen una prueba de que algo anda mal por dentro. Una buena piel depende esencialmente de que a la dermis le llegue una sangre sana y que los residuos tóxicos se filtren.

Si no llega suficiente sangre a la piel, la sangre lleva muchas toxinas o los residuos se acumulan porque no se filtran a suficiente velocidad –en resumen, si el sistema no está bien alimentado o se encuentra sobrecargado–, esto se traducirá en problemas en la piel. Puede tratarse sólo de granitos, puntos negros o manchas y desaparecer pronto con un tratamiento tópico sencillo, pero todos ellos son signos de que la piel está sufriendo y, como otros órganos, la piel envejece más rápidamente si está sometida a estrés.

Sobrecarga en los órganos

La piel es el órgano de eliminación más grande del cuerpo, y filtra agua, urea, amoniaco, ácido úrico y sales a través de los poros de su superficie. El hígado, los riñones y el sistema linfático se encargan de la mayor parte de la eliminación de los residuos. Si están sobrecargados y son incapaces de completar su tarea, la piel se utiliza como un vertedero para el exceso de toxinas sin procesar.

Si la piel es un reflejo de la salud de los sistemas circulatorio y desintoxicador del cuerpo, no es sorprendente que estén aumentando los problemas de la piel. Una dieta excesivamente grasa, un trabajo sedentario, los alimentos procesados químicamente y la exposición a contaminantes en el aire –todos ellos hitos de la vida actual– paralizan los sistemas que deberían llevarse los desechos fuera del cuerpo.

El cuerpo nunca había tenido que soportar tanto. A diario se lanzan al aire más de 50.000 productos químicos y todos los años se rocían sobre la comida y los pastos más de 350 millones de litros de pesticidas y herbicidas.

Evidentemente no los ingerimos todos, pero, si se suma el número de los que se respiran con el aire contaminado, se toman como fármacos, se consumen en el agua y se ingieren como pesticidas, las hormonas del crecimiento y los aditivos de los alimentos, la cifra es alarmante. Y esto sin contar las 8.000 o 10.000 toxinas que se calcula que pueden absorberse a través de la piel con los cosméticos y los productos de perfumería.

Las toxinas, muy temidas y discutidas en nuestros días, no son un fenómeno moderno. Ya sea como productos secundarios de la decadencia natural o como resultado de la digestión de los alimentos, siempre han encontrado su camino en nuestro cuerpo. Para deshacerse de ellas el cuerpo dispone de un sistema muy complejo. Pero por muy listos que sean el hígado y la linfa, fracasan al procesar el elevado número de toxinas a que se enfrenta nuestro organismo hoy en día.

Además, nuestros sistemas de desintoxicación se hacen más lentos con el tiempo, razón por la cual la toxicidad causa problemas: desde piel deteriorada hasta trastornos en los intestinos, que tienden a aumentar con la edad.

Un filtro defectuoso

Las toxinas que no son filtradas por la sangre provocan dos grandes problemas para la piel. En primer lugar, muchas de ellas producen radicales libres, las moléculas de oxígeno destructivo que aceleran el proceso de envejecimiento, al conducir a la rotura del tejido conectivo, afinar la piel y aumentar la pérdida de músculo. En segundo lugar, las toxinas enlentecen la circulación de la sangre, de modo que se acumulan a mayor velocidad.

Los efectos pueden acentuarse en la cara. Según la medicina oriental, una de las consecuencias de un hígado poco eficaz son unas arrugas profundas entre los ojos, y un mal funcionamiento del riñón comporta unas bolsas hinchadas debajo de ellos. Los granos son otro resultado de la acumulación de toxinas.

Por tanto, si tienes problemas de piel, aprende algunas técnicas para incrementar la circulación y desintoxicar tu organismo.

Desintoxicación en dos actos

Cuando una sustancia dañina entra en el cuerpo o es producida por él, el hígado y la linfa intentan neutralizarla o rechazarla. El hígado trata con las sustancias que el cuerpo ha metabolizado o quemado. El metabolismo es como un fuego, que quema sustancias y produce un humo perjudicial. El hígado procesa ese «humo» convirtiendo sus elementos en productos que pueda usar, almacenar o eliminar el cuerpo.

Esto sucede en dos etapas. En primer lugar, las enzimas del hígado se pegan a las moléculas tóxicas y las desactivan. Entonces el hígado produce moléculas que transportan los residuos al flujo sanguíneo para que sean filtrados a través de los riñones, o a la bilis para expulsarlos a través de los intestinos.

Mientras tanto, las glándulas linfáticas producen líquido linfático, que contiene corpúsculos de glóbulos blancos que absorben las células muertas y otros productos de desecho. Éstos son transportados por los vasos linfáticos a los nódulos linfáticos, donde se destruyen algunos desechos. El resto es transportado a la piel, al hígado o a los riñones para que salga del cuerpo en forma de sudor, heces u orina.

Los problemas de la piel son uno de los primeros signos de una mala circulación linfática. A menudo se manifiestan en forma de sequedad, escamas, vénulas y bolsas hinchadas bajo los ojos.

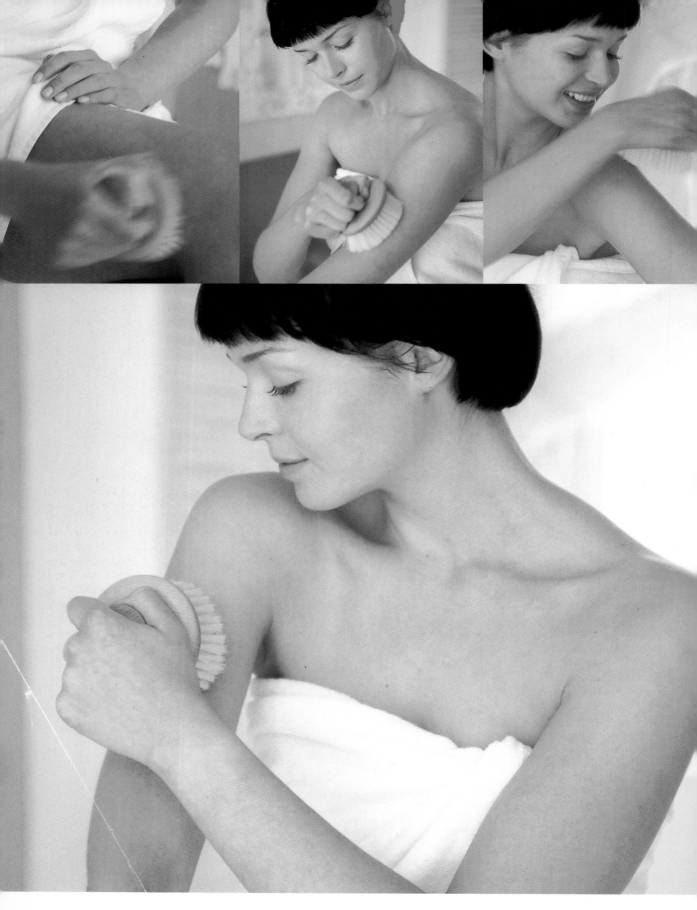

tres pasos para
una limpieza a fondo

El principio de la desintoxicación funciona a dos niveles. En primer lugar, hay que eliminar el sedimento tóxico que la sangre y la linfa tienen que arrastrar a todas partes. Esto significa evitar las toxinas, dar un respiro al intestino y estimular la linfa para expulsar con eficacia los desechos. En segundo lugar, necesitas activar la circulación sanguínea. Los dos procesos son recíprocos: la función de la sangre y la linfa mejora cuando las toxinas se eliminan y viceversa. Los resultados lucirán aún más con una exfoliación para eliminar las células muertas y las toxinas en la superficie.

De una forma ideal, desintoxicar significa evitar la ingestión de contaminantes. Pero a menos que te pegues una máscara filtrante al cuerpo, esto es imposible hoy en día. Una forma de eliminar muchas toxinas es combinar una dieta desintoxicadora con medidas para activar la circulación.

Como forma de tratamiento de crisis, la desintoxicación exige pagar un precio. Abandonas muchas cosas a las que tu cuerpo está acostumbrado y, sin embargo, el arreglo no es rápido. A medida que las toxinas suben a la superficie, tu piel puede llenarse de manchas. Tápatelas y sigue: al cabo de un mes, como mucho, deberían haber dejado paso a una piel nueva, más brillante y suave. Las células epidérmicas tardan unas cuatro semanas en sustituirse por completo, o sea que ten paciencia.

Activa la circulación

Hay muchas formas de incrementar la circulación. Algunas de ellas no son difíciles de incluir en la vida diaria, pero otras exigen un poco de fe para llevarlas a cabo. Empieza haciendo regularmente cuatro o cinco de la lista que aparece a continuación y tu piel resplandecerá pronto de gratitud.

Cepillar la piel en seco Cepillar todo el cuerpo con firmeza aporta beneficios rápidos tanto internos como externos. Estimula el flujo sanguíneo y linfático, aportando más oxígeno y nutrientes a la superficie de la piel y eliminando desechos, vía nódulos linfáticos y piel. Limpia la epidermis de células muertas, de modo que la piel respira mejor, y favorece la regeneración de las células. También estimula la producción de sebo, que declina con la edad. El resultado es una piel más suave y flexible.

Para el cuerpo necesitas un cepillo de cerdas naturales firme, de cabra o cerdo –mejor con mango largo y desmontable–, y para la cara uno más blando o una manopla.

Con movimientos largos y vigorosos, cepíllate los pies y luego las piernas y las nalgas. Continúa en los brazos, trabajando desde la muñeca hasta el hombro, y luego en el pecho y el estómago. Cepilla más suavemente las zonas con piel más fina y hazlo siempre hacia el corazón, que es donde se produce mayor acumulación de nódulos linfáticos. El cepillado ayuda a suavizar cualquier mucosidad linfática adherida a los nódulos y contribuye a su eliminación.

La cara será la última zona que trabajes. Emplea un cepillo blando o una manopla seca y hazlo menos tiempo y con más suavidad porque un frotado enérgico puede tensar o dañar la piel facial.

Cepíllate durante 3-5 minutos al día, a ser posible antes del baño o la ducha, para que se arrastren las células muertas. La aceleración de flujo sanguíneo es muy vigorizante, o sea que es mejor hacerlo por la mañana. La diferencia en tu piel debería ser visible a las pocas sesiones.

Baño con sales de Epsom Ayuda a eliminar las toxinas y estimula la circulación. Las sales de magnesio arrastran las toxinas fuera del cuerpo.

Prepárate un baño tibio (no caliente), échale un kilo de sales y agita el agua hasta que se disuelvan. Báñate durante 10 o 15 minutos y hazte un masaje con una esponja o un guante de baño para acelerar los efectos. Cuando salgas, sécate enérgicamente y envuélvete en una toalla. Sin duda sudarás mucho y te sentirás muy cansada, de modo que es mejor que tomes el baño por la noche. Ponte una crema hidratante en la cara y después métete en la cama con un vaso grande de agua al lado.

Intenta hacerlo unas dos veces a la semana durante el período de desintoxicación, pero no antes de la menstruación ni durante ella porque puede aumentar el flujo sanguíneo.

Aceites esenciales Algunos aceites esenciales pueden contribuir a activar la circulación y a desintoxicar. Es mejor aplicarlos a la piel durante el masaje, que incrementa el flujo sanguíneo a la piel y ayuda a la absorción creando calor.

Los estimulantes circulatorios más eficaces son la madera de cedro, el ciprés, la pimienta negra, el geranio, el romero y algunos aceites cítricos. Todos ellos tienen el efecto de dilatar los capilares bajo la piel sobre la que se frotan. El romero es también un estimulante linfático y, junto con el enebro, mejora la función hepática. Por tanto, si quieres matar dos pájaros de un tiro, utilízalos durante el período de desintoxicación, pero con moderación, porque el exceso puede irritar los riñones o el hígado. Los dos pueden utilizarse en la cara si se diluyen en un aceite de transporte o en el baño, donde se necesita un máximo de cuatro o cinco gotas.

drenar la suciedad

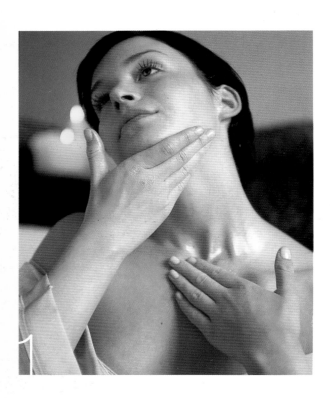

Drenaje linfático Es una forma de masaje que, como su nombre indica, estimula el sistema linfático para que elimine toxinas. Lo realiza normalmente un profesional, que trabaja sobre los nódulos linfáticos clave del cuello, las axilas, la ingle, la parte trasera de las rodillas y los pliegues de los brazos (véase la página 123).

Casi la mitad de los nódulos linfáticos están en el cuello, de modo que puedes hacerte tú misma un pequeño drenaje manual, que tendrá un efecto directo sobre la cara.

1. Frótate las manos con una cucharadita de aceite y aplícatelo en el cuello y la cara con movimientos largos y envolventes. Después, alternando las dos manos, asciende hasta la mandíbula, cubriendo todo el cuello de oreja a oreja y trabajando ligeramente sobre la tráquea.
2. Con el pulgar y el índice sobre los labios y los restantes dedos debajo de ellos, presiona ligeramente y desliza las manos hacia fuera, hacia la parte frontal de las orejas.
3. Con los dedos juntos y las manos apuntando a la cara, presiona firmemente con el borde de la mano junto a la nariz y la boca. Alivia la presión un poco y, rodando las manos por las mejillas, deslízalas hacia la parte frontal de las orejas, terminando con una firme presión.
4. Desliza firmemente los tres dedos centrales de ambas manos desde los ángulos interiores de las cejas hacia fuera, por encima de éstas.
5. A partir del último movimiento, desliza ligeramente el dedo anular hacia dentro, por debajo de los ojos.
6. Cierra los ojos y, con todos los dedos juntos, aplica una firme presión en la cara y espera un segundo antes de soltarla. Cubre toda la cara, de la nariz a las orejas y de la barbilla a la raíz del cabello.
7. Ponte las manos en la cara en forma de copa, cierra los ojos y descansa un minuto.

Después de un drenaje linfático manual, quizá notes las glándulas del cuello un poco hinchadas. Esto es la prueba de que las toxinas se han trasladado a los nódulos linfáticos para su drenaje.

Como es rápido y efectivo, intenta hacerte un drenaje linfático manual todos los días durante el período de desintoxicación.

Infusiones que ayudan Existe una gama de hierbas que ayudan a estimular la circulación sanguínea y desintoxicar el hígado. Muchas se comercializan como tinturas o tabletas, pero también pueden tomarse en forma de infusiones o utilizarse para cocinar.

Las mejores para activar la circulación son el gingko biloba, la milenrama y el romero. Se incrementa su efecto añadiendo jengibre a cualquiera de ellas porque aumenta la biodisponibilidad de los ingredientes activos de las hierbas.

Incluso las hierbas más sencillas pueden ser potentes limpiadores, o sea que es mejor comenzar con una dosis bastante baja para evitar sufrir reacciones desagradables si se eliminan demasiadas toxinas al mismo tiempo. Pide consejo en un herbolario o en una tienda de productos naturales.

no dejes
de moverte

Ejercicio Unos minutos después de empezar a hacer ejercicio, muchas personas adquieren un color enrojecido poco agraciado. Esto quizá no sea bueno para nuestra autoestima, pero sí lo es para nuestra piel.

El ejercicio es el modo más efectivo de activar la circulación porque tiene efectos tanto inmediatos como a largo plazo. El declive gradual de la circulación, que se produce con la edad y que es tan perceptible en la piel, se debe casi ex.clusivamente a una disminución paralela de las actividades vigorosas.

Al principio de una sesión de ejercicio, el suministro de sangre a la piel disminuye porque el cuerpo nutre a los músculos que trabajan. En cuanto se ha realizado el calentamiento, se manda más sangre a la superficie de la piel para enfriar el centro del cuerpo. El proceso, en conjunto, es muy eficaz: a los pocos minutos de comenzar el ejercicio, la frecuencia cardíaca se triplica, el volumen sanguíneo aumenta siete veces y la cantidad de oxígeno se multiplica por veinte, nutriendo hasta los más pequeños capilares de la piel.

El ejercicio también ayuda a limpiar el cuerpo: aumenta la eliminación de toxinas a través de los pulmones en forma de aire y a través de la piel en forma de sudor. Éste contribuye no sólo a eliminar los desechos de la piel, sino también a lubricarla, una función valiosa teniendo en cuenta cuánto envejece y se seca.

El ejercicio mejora el flujo linfático. A diferencia de la sangre que el corazón bombea por todo el cuerpo, la linfa no tiene una bomba interna y depende del movimiento corporal para mantener el flujo.

Sin embargo, no intentes hacer un ejercicio vigoroso al principio de una dieta de desintoxicación, porque tu cuerpo necesita toda la energía disponible para resistir los cambios de dietas y las restricciones. En ese momento sólo necesitas un estiramiento suave para ayudar a moverse a las toxinas.

Respiración profunda Es habitual cuando se hace ejercicio. En otros momentos, la mayoría respiramos superficialmente, utilizando sólo alrededor de un tercio de nuestra capacidad pulmonar. La circulación se ve comprometida con ello. Las células no reciben suficiente oxígeno para reproducirse a la velocidad óptima, lo que provoca, entre otras cosas, una piel sin vida. La imagen que a menudo nos viene a la mente cuando pensamos en respirar profundamente es la de un monitor de gimnasia chillón, exhortando a los niños a sacar pecho y meter estómago. Lo único que hace esta postura es restringir el movimiento del abdomen y limitar el espacio donde pueden expandirse los pulmones, de modo que no les es posible tomar suficiente oxígeno ni expulsar bastantes residuos.

La mejor forma de optimizar la función pulmonar es relajar el estómago y respirar lentamente a través de la nariz, como si quisieras meter el aire en la boca del estómago. Esto ayuda a relajar el diafragma. Entonces, de una forma relajada y mesurada, espira por la boca, a fin de expulsar las toxinas más fácilmente. Este proceso mejora la circulación de la sangre, aumenta el flujo sanguíneo y masajea el hígado de una manera que estimula sus mecanismos de desintoxicación. En la página 118 aparecen más ejercicios de respiración.

Hidroterapia Es una costumbre que es mejor no contar a los amigos hasta que los resultados se trasluzcan en la piel. Podrían pensar que has perdido la cabeza.

Aunque tomar un baño frío puede parecer más un castigo que un ritual de belleza, ejerce un efecto notable en la circulación. Sumergirse en un baño frío de tres a cinco minutos cuadruplica la circulación. Quizá no te des cuenta, pero el flujo sanguíneo se activa a la par.

Aparte de dilatar las arterias, los baños fríos activan la producción corporal de glóbulos blancos, destruyen las toxinas en circulación e incrementan el metabolismo, de modo que se queman las calorías más velozmente y se siente uno más enérgico.

Te alegrará saber que el agua no tiene que estar helada. De hecho, es mejor empezar por unos tolerables 20 ºC y, cuando te acostumbres (si te acostumbras), ir disminuyendo la temperatura hasta llegar a 15 ºC. La bañera es el lugar ideal, pero obtendrás un efecto similar en la ducha. En cualquier caso, intenta no contener la respiración porque esto dificultaría la adaptación de tu cuerpo al frío.

unas palmaditas y lista

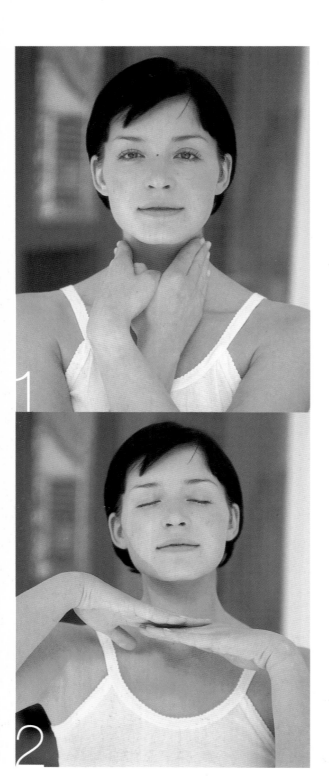

Aumentar la circulación de la cara A veces, si te has saltado la ducha fría y te has quedado sin aceite de romero, necesitarás una solución rápida para la circulación. Darte palmaditas en la cara es la mejor manera de que te suba la sangre y constituye un método que usan habitualmente los masajistas. Prueba la siguiente tabla de tres minutos:

1. Cruza las manos delante del cuello y, con los dedos planos, golpéatelo desde la base hasta la barbilla, evitando la tráquea.
2. Coloca el dorso de la mano izquierda a unos 4 cm debajo de la barbilla. Con el dorso de la mano derecha, golpea rápidamente hacia arriba en la zona de debajo de la barbilla, utilizando la mano izquierda como tope.
3. Con los dedos planos y utilizando las dos manos al mismo tiempo, efectúa un movimiento firme de golpeteo en la parte inferior de la cara. Empieza un poco por encima de la boca y sigue hacia arriba, cubriendo ambas mejillas y deteniéndote frente a las orejas. Si eres propensa a las vénulas, haz movimientos suaves.
4. Con las dos manos al mismo tiempo y los dedos planos, aplica firmes golpecitos en toda la frente.
5. Con las manos entrelazadas, pero sin apretar, «golpéate» la cabeza por todas partes con un movimiento relajado. Varía la firmeza del movimiento en función de la sensibilidad de la zona.
6. Efectúa movimientos circulares profundos en el cuero cabelludo, desde la raíz del cabello hasta la coronilla, cubriendo cuidadosamente toda la cabeza.
7. Alternando las dos manos, «cepíllate» el cabello desde la raíz hasta la coronilla, deslizándote con movimientos largos y profundos.

¿estás intoxicada?

La persona que en la época actual no lleva toxinas ambientales en la sangre es posible que viva en algún lugar rural idílico y autosuficiente, con el que la mayoría soñamos y que al resto de la gente le parecería aburridísimo. La vida urbana moderna es tóxica por definición.

¿Tu cuerpo está cargando con muchas más toxinas de las que está preparado para soportar? Existen pruebas agresivas y caras para descubrirlo, pero, si contestas a las preguntas siguientes sobre tu dieta y tu entorno, tendrás una idea aproximada. Entonces podrás decidir si vale la pena seguir una dieta de desintoxicación. Marca con una cruz las respuestas afirmativas.

Dieta

Consumes regularmente:
- ☐ Chucherías dulces
- ☐ Té y café
- ☐ Alcohol
- ☐ Alimentos enlatados
- ☐ Fritos
- ☐ Carne o pescado ahumado o curado
- ☐ Comida rápida
- ☐ Agua del grifo
- ☐ Agua fluorada
- ☐ Agua suministrada a través de tuberías de plomo
- ☐ Fruta, verdura y carne producida comercialmente (no orgánica)

Entorno

Regularmente:
- ☐ Fumas o trabajas con fumadores
- ☐ Tomas fármacos o analgésicos
- ☐ Tienes empastes de amalgama
- ☐ Utilizas aerosoles
- ☐ Empleas limpiadores domésticos
- ☐ Haces ejercicio cerca de carreteras con tráfico
- ☐ Circulas con tráfico denso
- ☐ Trabajas con una pantalla de ordenador
- ☐ Tomas mucho el sol
- ☐ Tomas la píldora o un tratamiento hormonal sustitutorio
- ☐ Vives cerca de un poste eléctrico o una central de energía

Si has hecho más de 15 cruces, necesitas reducir tu exposición a las toxinas así como su consumo con una dieta de desintoxicación (véase la página 85). Si has hecho menos de diez cruces, actúas lo mejor que puedes en el mundo contaminado del que ninguno podemos escapar.

Trucos para tener un hígado y una linfa sanos

• Evita los alimentos que creas que pueden provocarte alergia. Producirán toxinas en el intestino, que causarán estrés a los mecanismos de desintoxicación.

• Mastica bien la comida para ayudar a liberar las enzimas que colaboran en la digestión.

• La toxicidad en el cuerpo puede estar causada tanto por la falta de nutrientes que necesita el hígado para la desintoxicación como por la exposición a las toxinas. Asegúrate de que consumes muchos alimentos que contienen ácido fólico, flavonoides, magnesio, hierro, sulfato, selenio y vitaminas B_2, B_3, B_6 y B_{12} (véase la página 95).

• Reduce los estimulantes, como el té y el café, y los depresivos como el alcohol.

• Toma alimentos ricos en antioxidantes, que colaboran con los mecanismos naturales de desintoxicación (véase la tabla de la página 95).

• No utilices antibióticos o antiácidos a menos que sea absolutamente necesario. Los antibióticos pueden destruir las bacterias útiles del intestino, que eliminan las toxinas. Los antiácidos disminuyen la acidez natural, necesaria para completar la digestión.

• Toma una dosis diaria de equinácea, leche de cardo o raíz de diente de león, hierbas que limpian la sangre y tonifican la piel. Se comercializan como tabletas, tintura o infusiones.

• Dos veces a la semana toma una dosis de carbón vegetal activado. Es una forma medicinal de carbón vegetal que absorbe cualquier molécula que encuentra, incluidas las toxinas. No debe tomarse con alimentos o medicinas, porque los absorbería.

dieta de desintoxicación

Si consumir toxinas es malo de por sí, una dieta de desintoxicación debería ser algo bueno por definición. Sin embargo, a muchas personas les horroriza la idea. Supone no sólo dejar de tomar alimentos y bebidas a los que están acostumbradas social y biológicamente, sino asumir la idea de una gratificación a largo plazo.

Los primeros días de una dieta de desintoxicación constituirán una prueba de aguante. Estarás cansada y con síntomas de abstinencia respecto a alimentos a los que habrás renunciado. Tendrás dolores musculares y de cabeza, cambios de humor e incluso problemas cutáneos: todos ellos son signos indicativos de que las toxinas atrapadas empiezan a liberarse. Persevera: en un tiempo relativamente breve estarás resplandeciente y satisfecha de ti misma.

Elige el momento adecuado. La primavera y el verano son las estaciones ideales para empezar una dieta de desintoxicación: hay más variedad de frutas y verduras frescas y la gente siente menos necesidad de comer para sentirse cómoda y caliente. Si trabajas, empieza la dieta en viernes para que no te sientas débil en el lugar de trabajo los primeros días, que son los más deprimentes.

Acuérdate de que estás haciendo una dieta de salud, no la definitiva cura de belleza. Por tanto, sólo tienes que seguir el régimen hasta que sus resultados se reflejen en el espejo del baño.

A diferencia de la mayor parte de las dietas de desintoxicación, que establecen unos límites de tiempo exactos dentro de un plan estricto, ésta puede adaptarse para que dure de una a cuatro semanas. El cuestionario de la página 83 te ayudará a evaluar tu nivel de necesidad: cuanto más grave sea tu problema, más debería durar la dieta.

El plan está dividido en siete etapas. Si empiezas por probar una sola semana de desintoxicación, cada etapa durará sólo un día; en un régimen de dos semanas durará dos días, y así sucesivamente. Como es lógico, cuanto más dure el plan mayor será el efecto.

Precauciones Esta dieta está ideada para adultos normales y sanos. No deben seguirla sin consultar antes con el médico las mujeres embarazadas, las que toman medicamentos habitualmente o las que tienen restricciones dietéticas.

Primera etapa

Sólo líquidos. Tradicionalmente esto significaría sólo agua, que es la forma más rápida y pura de limpiar el organismo. También se cree que estimula la producción de la hormona del crecimiento de la glándula pituitaria del cerebro, que ejerce poderes antienvejecimiento. Añadir un poco de limón exprimido al agua tibia ayuda a neutralizar la acidez y estimula los intestinos.

Si esto te parece demasiado duro incluso para un día o dos, existen otros líquidos que ofrecen beneficios suplementarios.

Las infusiones de hierbas no sólo alivian el tedio de la etapa de sólo líquidos, sino que funcionan como útiles desintoxicadores o estimulantes de la circulación. Elige jengibre, diente de león, hinojo o milenrama (pero no puedes endulzarlas, ni siquiera con la saludable miel).

Los zumos constituyen otra opción y si los preparas con la fruta que tiene poderes desintoxicantes (véase la segunda etapa), mejor que mejor. Una licuadora te permitirá ampliar la gama de elecciones y aumentar el valor nutritivo de los zumos, pero utiliza la pulpa como mascarilla facial instantánea (véase la página 100).

La tercera opción es un caldo de verduras. También puedes hacerlo con carne o pescado frescos, sobre todo si has elegido la dieta de los 28 días.

Segunda etapa

Sólo líquidos y fruta. La fruta, aunque a veces tenga un sabor ácido, suele ser un alimento muy alcalino, que ayuda a neutralizar los residuos ácidos que se producen cuando empiezas a desintoxicarte. Por su alto contenido en fibra, también es un buen laxante y ayudará a movilizar los 3 o 4 kg que se cree que se acumulan en los intestinos en forma de material residual. Como en el caso de las verduras (tercera etapa), cómprala orgánica si te es posible; si no, sólo sustituirás las toxinas que estás eliminando por residuos de pesticidas.

Las siguientes frutas tienen propiedades que te sirven de ayuda en la dieta:

Manzanas: contienen mucha pectina, que ayuda a eliminar las toxinas, y ácido tartárico, que facilita la digestión.

Piña: contiene la enzima de la bromelina, que ayuda a producir ácidos que destruyen las bacterias de los intestinos; favorece el crecimiento de bacterias «buenas», importantes para la digestión, y fomenta la reparación de los tejidos.

Mango: además de bromelina, contiene una enzima llamada papina, que ayuda a romper los desechos de las proteínas.

Uvas: ayudan a contrarrestar la producción de mucosidad, que puede obstruir los tejidos, y a limpiar el hígado y los riñones. Su elevado contenido en fructosa proporciona energía al instante.

Sandía: es un diurético, por lo que acelera el tránsito de líquidos que transportan toxinas por el organismo.

Tercera etapa

Añade verduras crudas. Incluye soja germinada (mejor si la cultivas tú misma) porque los brotes quintuplican el contenido nutritivo de las semillas. El ajo crudo es un excelente limpiador de la sangre. Los entusiastas dicen que si se toma a diario no huele el aliento, pero necesitarás buenos amigos que te digan si esa teoría se basa en la práctica.

Las verduras comparten casi todas las propiedades de la fruta, y algunas de las que se pueden tomar en ensalada tienen poderes desintoxicantes especiales:

Hinojo: mejora la digestión y previene la flatulencia.

Berros: contienen betacaroteno y sulfuro, ambos tónicos para el hígado.

Diente de león: sus hojas tonifican el hígado y los riñones y son diuréticas.

Perejil: es un diurético ligero. Contiene zinc y pequeñas cantidades de minerales, que mejoran la función del hígado.

Cuarta etapa

Añade verduras cocidas y arroz integral. Cuece las verduras con el mínimo de agua y en el menor tiempo posible para retener el máximo de nutrientes. El mejor método es la cocción al vapor, seguido del salteado. Las crucíferas (que todas evitábamos en la escuela) son especialmente buenas para un hígado sobrecargado. El arroz debería ser siempre integral y redondo, que es con diferencia el más absorbente; empapa las toxinas del intestino, es más fácil de digerir y contiene más fibra.

Entre las especias que puedes utilizar para cocinar están la cayena y el jengibre: estimulan la digestión y favorecen la eliminación de toxinas a través de la piel.

Las verduras que se comen normalmente cocidas y tienen propiedades desintoxicantes son:

Puerro, cebolla y ajo: tienen componentes de azufre, que atrapan los métales tóxicos y aceleran su eliminación.

Alcachofa: estimula la producción de bilis en el hígado, que acelera la digestión.

Aguaturma: contiene inulina, que ayuda al crecimiento de bacterias beneficiosas en el intestino. Cuidado con su merecida reputación de flatulenta.

Remolacha: es un alimento ácido (opuesto al que forma ácidos). Estimula la producción de enzimas en el estómago, que favorecen la digestión.

Quinta etapa

Añade legumbres, frutos secos y semillas. Las legumbres son una buena fuente de proteínas, pero en esta etapa no deberían comerse con arroz porque mezclar fécula y proteína puede hacer más lenta la digestión. Intenta dejar cuatro horas entre el consumo de ambos tipos de alimento.

Los frutos secos deben comerse crudos y sin sal. Al igual que las semillas, proporcionan calorías útiles en forma de ácidos grasos esenciales, necesarios para todas las células del cuerpo pero que no pueden fabricarse. Los ácidos grasos esenciales también estimulan el flujo de bilis, que acelera la digestión. El sésamo, el girasol y la linaza son ricos en ellos.

Sexta etapa

Añade cereales y yogur natural. El yogur debería ser de cabra u oveja: es más fácil de digerir y tiene los mismos efectos benéficos que el yogur natural de vaca.

El cereal debería ser siempre integral, que proporciona fibra para mover los residuos a través de los intestinos y pequeñas cantidades de minerales útiles para la función hepática. Elige entre centeno, trigo sarraceno, cebada y avena. Todos ellos contribuyen a proporcionar un suministro lento pero constante de glucosa a la sangre, permitiendo que el hígado elabore glicogeno, necesario para que lleve a cabo con eficacia sus funciones desintoxicadoras y facilite azúcar a la sangre para la energía de urgencia.

Séptima etapa

Añade pescado. Cualquier pescado fresco sirve, pero si eliges pescado graso y de aguas frías obtendrás los beneficios de los ácidos grasos esenciales para tu piel. Como ya has llegado al final del programa, deberías sentirte más relajada y no tener prisa por empezar a comer lo que has ido dejando.

Deberías introducir los últimos alimentos dejando al menos un día entre uno y otro.

Alimentos poco recomendables (y cómo evitarlos)

Existen ciertos alimentos que el cuerpo humano está poco preparado para asimilar. Son los que causan más a menudo problemas digestivos y circulatorios, pero, desgraciadamente, tenemos una gran dependencia biológica o social de muchos de ellos.

Durante el período de desintoxicación, y una o dos semanas después, evita los siguientes (sustitúyelos, si es necesario, por los que se indican):

• **Leche de vaca** y sus derivados, como el yogur y el queso. Las moléculas grasas de la leche de vaca son demasiado grandes para que muchas personas puedan digerirlas y provocan diversos grados de intolerancia a la lactosa. Prueba leches equivalentes de oveja o cabra, cuyas moléculas grasas son más pequeñas.

• **Café y té:** activan la circulación artificialmente, irritan los intestinos y forman ácidos.

• **Alcohol:** interfiere con un grupo de enzimas cruciales para el proceso de desintoxicación y puede actuar como una «toxina maestra» en el cuerpo, potenciando los efectos de otras toxinas. Es diurético y deshidrata la piel y otros tejidos.

• **Trigo:** a menudo irrita el sistema digestivo y forma mucosidad. Prueba a comer pan de otros cereales, como centeno, y desayuna cereales hechos de arroz.

• **Lentejas:** con frecuencia producen cantidades molestas de gases intestinales.

• **Champiñones:** son más un hongo que una verdura y pueden dificultar el crecimiento de una bacteria útil para el intestino.

• **Naranja:** es la fruta más ácida y puede congestionar el hígado.

• **Tomates, espinacas o ruibarbo:** contienen mucho ácido oxálico, que puede irritar los intestinos.

• **Cacahuetes:** son un alergeno muy común y difíciles de digerir.

frota y resplandece

Acción superficial

Cuando hayas limpiado la sangre y activado la circulación, probablemente habrás hecho más por tu piel que cualquier jabón, gel o loción limpiadora. Todavía necesita que se la trate tópicamente, porque las células muertas continuarán acumulándose en la superficie y la suciedad seguirá pegándose a las células viejas y a los aceites naturales. Si estás expulsando menos toxinas y produciendo más deprisa nuevas células sanas, el proceso puede ser muy rápido, simple y natural.

Sólo necesitas una manopla, aceite vegetal y agua. El aceite debería ser uno de los que se adapten mejor a tu tipo de piel (véase la página 35). Si no estás segura, prueba con partes iguales de girasol, aguacate y sésamo. Pon la manopla bajo el grifo del agua caliente, estrújala y apriétala contra tu cara suavemente para abrir los poros. Ponte un poco de aceite en la palma de la mano y masajéate suavemente la piel, siguiendo algunos de los movimientos que activan el drenaje linfático para que limpies a dos niveles (véanse las páginas 76-77).

A continuación, enjuaga la manopla con cuidado para eliminar el aceite y la suciedad. Limpia la manopla regularmente y no caigas en la tentación de utilizar pañuelos de papel para ahorrarte trabajo porque están fabricados con pulpa de madera y contienen microscópicas partículas de este material que pueden penetrar en la piel.

Las virtudes de esta actuación tan simple deberían mostrarse al cabo de una semana o dos de efectuada la limpieza. Sin embargo, de vez en cuando necesitarás exfoliar la piel.

La exfoliación no es, como la limpieza, una necesidad diaria, pero, como tratamiento ocasional, aporta los beneficios de la desintoxicación y mejora la circulación de superficie. Es como quitar el polvo antes de sacar brillo cuando se limpian los muebles: de hecho, la mayor parte del polvo de una casa se compone de células de la piel humana. Si no te libras primero de esos depósitos superficiales, los estarás fregando de un lugar a otro al pulir y obtendrás más manchas que brillo. De igual modo, ningún método de limpieza hará brillar tu piel si hay una acumulación subyacente de desechos.

La exfoliación cobra más importancia a medida que avanza la edad, porque las células de la piel se renuevan más lentamente y tienen más surcos donde esconderse. Las arrugas llenas de células muertas parecen más profundas que las que están limpias. Además, al eliminar estas células se acelera el proceso de regeneración cutánea. Probablemente por esta razón la piel de los hombres parece envejecer más despacio que la de las mujeres: el afeitado diario no sólo elimina barba, sino también piel muerta.

Cuanto más vieja sea tu piel, más suave debe ser el contacto. A diferencia de la piel rugosa de las rodillas, que puedes rascar con una esponja de esparto, la delicada piel de la cara es propensa a las vénulas, la irritación o la sequedad excesiva si se frota con demasiada fuerza. Algunos exfoliantes comercializados contienen partículas rugosas que, aunque sean naturales, pueden dañar la piel. Otros, basados en ácidos frutales, son demasiado agresivos.

Aunque la epidermis esté compuesta de un gran número de células muertas, sigue siendo metabólicamente activa. Si se eliminan demasiadas, no cumplirá bien la función protectora que tiene encomendada: desactivar los peligrosos radicales libres del aire y retener la humedad. Cuando eres joven puedes utilizar estas duras herramientas nuevas sin efectos adversos aparentes. Pero pueden infligirte un daño superficial, que se hace visible cuando la piel pierde el colágeno y la elastina.

La harina de avena fina y las almendras picadas son suficientemente duras. Estas sustancias naturales, que tienes en el armario de la cocina, pueden eliminar las células muertas con más moderación y seguridad que un producto de marca que asegure poder hacerte el definitivo «frotar y brillar».

Los cuatro ingredientes más tradicionales son: sal, que es antibacteriana; azúcar, que se utiliza actualmente en preparaciones de ácido glicólico, y almendras trituradas y harina de avena, dos limpiadores clásicos. Pero servirán otros alimentos granulares que sean ligeramente abrasivos. No exigen una preparación especial para convertirlos en pastas y pueden utilizarse humedecidos sólo con agua para ir más deprisa. No obstante, si se añade crema o yogur, son más fáciles de aplicar, y el zumo de uvas también arrastra las células muertas cuando se enjuaga.

Experimenta con alguna de las tres recetas siguientes para animarte a inventar la tuya propia.

Exfoliante de avena

2 cucharaditas de harina de avena fina
2 cucharaditas de almendras trituradas
agua de flor de naranja (para piel grasa) o crema (para piel seca)
para mezclar

Exfoliante de azúcar

2 cucharaditas de aciano
2 cucharaditas de azúcar moreno crudo
1 cucharadita de aceite de almendras
zumo de manzana (para piel normal) o zumo de limón (para piel grasa) para mezclar

Exfoliante de uvas pegajoso

2 cucharaditas de sal
1 gota de zumo de uvas
yogur griego para mezclar

Mezcla todos los ingredientes formando una pasta uniforme y déjala reposar cinco minutos. Masajéate la cara suavemente con ella, evitando la delicada piel de debajo de los ojos. Retírala con un paño de muselina húmedo, enjuágate la cara con agua tibia y sécatela dándote suaves golpecitos con una toalla.

nutre tu cara

Uno de los credos de salud que ha sido imposible pasar por alto en los últimos años es que somos lo que comemos: nuestra dieta influye en nuestro aspecto, en cómo nos sentimos y, en última instancia, en cómo morimos. Las grasas saturadas favorecen las enfermedades cardíacas; el alcohol, las enfermedades hepáticas; los carbohidratos refinados, el cáncer de colon... El mensaje se bombardea con frecuencia.

Un órgano vital que se menciona pocas veces en estos mensajes es la piel. Puede que sea el único órgano externo, pero se ve igualmente afectado por lo que introducimos en nuestro cuerpo. La piel es un material complejo y trabajador, como cualquier otro del cuerpo, y necesita un suministro preciso y completo de nutrientes para regenerarse, repararse y defenderse. Lo que comes hoy es lo que luces mañana.

Muchos naturópatas y nutricionistas creen que la abundancia de problemas cutáneos en la actualidad puede atribuirse en gran medida al hecho de que, aunque comamos más que antes en relación con nuestras necesidades energéticas, muchas personas toman demasiados alimentos envasados, con conservantes químicos y ricos en calorías que no tienen los nutrientes que necesita la piel.

Han tenido que ser los fabricantes de productos para la piel los que despierten las conciencias. Con tantos investigadores para emplear y beneficios que obtener, han estado encantados de llenar un hueco en el mercado. El resultado ha sido una proliferación de cremas y lociones que contienen todas las vitaminas, de la A a la K, y fitoquímicos por añadidura. ¿Estos nutrientes recorren todo el camino a través de las capas dérmicas hasta donde interesa?

La respuesta es normalmente no, porque están hechos de moléculas que no pueden atravesar las densas capas del tejido cutáneo. Los que sí lo hacen dependen de productos químicos sintéticos para llegar a su destino, productos químicos que pueden transportarse en la sangre hasta el hígado, con consecuencias inciertas.

Sin embargo, los fabricantes no pueden asegurar que estas sustancias penetren en el flujo sanguíneo porque esto las convertiría en transdérmicas y tendrían que clasificarse como fármacos. Esto significaría que tendrían que pasar por ensayos amplios y controlados a fin de obtener la licencia como medicina, un procedimiento desmesuradamente caro y largo.

Mientras tanto, los fabricantes de productos para la salud han estado ocupados inventando todos los suplementos de vitaminas y minerales que hagan falta. Ahora existe una amplia gama de «cosméticos orales», como se les ha dado en llamar, para la piel, el pelo y las uñas.

Aunque estas cremas y cápsulas nutritivas pueden servir a un propósito periférico, es más eficaz –y sin duda más barato– comer lo que necesita la piel. Comer es la forma más segura de obtener los nutrientes necesarios. Si tu sangre está desintoxicada, limpia y circulando vigorosamente hasta el capilar más diminuto, llegará más deprisa. Si se adopta la vía dietética, existen otros beneficios asociados: la mayor parte de los alimentos necesarios para tener un tejido cutáneo sano también son beneficiosos para la circulación, la digestión y los mecanismos de eliminación.

A menudo se dice que con una «dieta equilibrada» puedes conseguir lo que necesitas para curar o prevenir cualquier trastorno. Sin embargo, poca gente la sigue realmente hoy en día. Por lo que respecta a la piel, existen dos grupos de nutrientes que están especialmente mal representados en la dieta moderna y que son cruciales para mantener joven la piel. ¿De qué tiene más hambre tu piel?

En los últimos años se ha atribuido a los nutrientes más importantes para la piel la prevención de todo, desde el cáncer hasta la artritis. Si estuvieran comercializados, podría pensarse que se trata de un cuento chino. Pero los antioxidantes desempeñan un papel tan fundamental en la destrucción de los radicales libres que están en la raíz de gran parte del deterioro relacionado con la edad, que pueden definirse tranquilamente como «nutrientes antienvejecimiento».

Los radicales libres son productos químicos altamente reactivos que pueden penetrar en la sangre a partir del aire contaminado que absorbemos, la luz solar a la que nos exponemos y los procesos metabólicos normales. Los radicales libres son un producto derivado de la combustión del oxígeno. Algunos son útiles para destruir las infecciones, pero muchos otros atacan a las células. Oxidan la carne, desbaratando la construcción molecular de la piel y otros tejidos y matando de hambre a las células al dejarlas sin el oxígeno vital. En la piel, la víctima principal de los radicales libres es el colágeno. Con su influencia, las moléculas se interrelacionan o se unen.

Se calcula que a los cincuenta años el 30% de la proteína celular ya está dañada por la actividad de los radicales libres. Para la piel, el resultado obvio son las arrugas, las bolsas y los surcos.

Como su nombre indica, los antioxidantes pueden retrasar la oxidación de los tejidos por culpa de los radicales libres. Por ahora se han identificado más de cien nutrientes antioxidantes. Los principales son los betacarotenos, las vitaminas C y E, el selenio y el zinc. Las vitaminas C y E y los betacartorenos son más efectivos si se toman juntos, porque trabajan en sinergia. Además de trabajar en el frente de los radicales libres, los antioxidantes tienen beneficios adicionales para la piel.

Betacaroteno Es la forma en planta de la vitamina A, que el cuerpo convierte en esta vitamina cuando lo necesita. Además de proteger contra los efectos del envejecimiento a causa de la luz ultravioleta, favorece la inmunidad, de modo que puede proteger la piel de las infecciones bacterianas. No tiene relación con el retinol, la forma animal de la vitamina A, de la que se deriva la retin-A, un tratamiento cosmético para la piel fotodañada.

Vitamina C Tiene fama de ser el antioxidante más potente, razón por la cual se recomienda para todo, desde la prevención de la gripe hasta el tratamiento del cáncer. La vitamina C también es esencial para la producción de colágeno, el tejido elástico de la piel que declina con la edad. Un aumento de la ingestión de vitamina C no supone un incremento de producción de colágeno, pero retrasa su inexorable pérdida.

Vitamina E Es probablemente el nutriente para la piel más conocido. Desde que a principios de los años setenta se descubriera que beneficiaba a la piel, se ha puesto en más cremas, geles y tratamientos faciales que glutamato monosódico en las conservas. Como antioxidante que es, trabaja en equipo con el selenio y tiene la acción más poderosa contra los perniciosos efectos de los radicales libres producidos por el sol. También ayuda a la piel a retener la humedad, a maximizar su uso del oxígeno y a producir nuevas células donde la piel ha quedado dañada.

Selenio Protege a las células de los daños producidos por los radicales libres y ayuda a contrarrestar la sequedad de la piel. Trabaja con la vitamina E para reforzar el sistema inmunitario y ayuda a combatir las infecciones antes de que lleguen a la superficie de la piel.

Zinc Como la vitamina C, es vital para fabricar el colágeno. Acelera la curación donde la piel se ha manchado o dañado, y uniformiza la pigmentación. Es vital para el sistema inmunitario, de modo que contribuye a la destrucción de la infección antes de que emerja a la superficie de la piel. La falta de zinc retrasa la recuperación de la piel y puede provocar marcas de estrías y manchas indelebles.

Bioflavonoides Constituyen un grupo de al menos 500 componentes, y algunos de ellos son potentes antioxidantes. Trabajan con la vitamina C para proteger y acondicionar el tejido conectivo y los capilares. Se cree que el zumo y la piel de los limones son la fuente más completa de bioflavonoides.

Proantocianidinas y antocianidinas Son miembros menos conocidos del grupo de antioxidantes (en parte porque nadie logra acordarse de sus nombres). Sin embargo, pueden jactarse de formar parte de la élite. Además de sus propias actividades antioxidantes, aumentan los poderes antioxidantes de las vitaminas A, C y E. Se cree que también inhiben las enzimas causantes de la rotura de la elastina y el colágeno en el tejido conectivo. Una forma especialmente potente, las proantocianidinas oligoméricas, se está incorporando paulatinamente a las cremas para la piel, pero también puede consumirse con el té verde, la cúrcuma y las semillas de las uvas.

En la tabla de la página siguiente aparece más información sobre estos y otros nutrientes beneficiosos para la piel.

Nutrientes esenciales para una piel saludable

Nutriente	Propiedades	Dónde se encuentra	Efectos de su carencia
Vitamina A	Antioxidante. Ayuda a retrasar la acumulación de queratina y mantiene flexible la piel.	Pescado graso; menudillos; huevos; lácteos.	Piel y cuero cabelludo escamosos; acné.
Betacaroteno (provitamina A)	Proporciona al cuerpo los componentes para fabricar la vitamina A. Protege contra los efectos envejecedores de la luz ultravioleta y activa la inmunidad.	Zanahoria; vegetales verde oscuro; espinacas; albaricoque; naranja; tomate; pimiento; boniato; calabacín; calabaza; berro; col.	Como en la vitamina A.
Bioflavonoides	Antioxidantes, retrasan el deterioro del tejido conectivo y fortalecen los pequeños capilares que nutren la piel.	Cítricos; albaricoque; mora; cereza; escaramujo; manzana; trigo sarraceno.	Hematomas; cicatrización lenta; envejecimiento prematuro.
Vitamina B_2	Necesaria para el desarrollo y la reparación del tejido cutáneo sano.	Leche; huevos; cereales; hígado; vegetales verdes y de hoja; caballa; champiñones.	Dermatitis seborreica; labios agrietados; pelo graso o mustio.
Vitamina B_3	Ayuda a producir sustancias que forman una pantalla solar natural, como la melanina.	Arroz integral; pollo; germen de trigo; atún; brécol.	Dermatitis; acné; eccema; fatiga; depresión.
Vitamina B_5 (ácido pantoténico)	Necesaria para la formación de nuevo tejido cutáneo y para mantener sano el pelo.	Levadura; hígado; riñones; huevos; arroz integral; cereales integrales; lentejas.	Temblores musculares; calambres; fatiga; ansiedad.
Vitamina B_6	Ayuda a mantener el equilibrio normal de grasa en la piel y a prevenir las reacciones alérgicas.	Pollo; extracto de levadura; brécol; plátano; germen de trigo; buey.	Glándulas sebáceas superactivas; piel escamosa; retención de líquidos.
Vitamina B_{12}	Ayuda a la sangre a transportar oxígeno a la piel. Ayuda a eliminar toxinas.	Carne roja; hígado; huevos; pescado.	Piel seca; dermatitis; cutis pálido.
Biotina	Mejora el uso de las grasas esenciales. Modera la producción de glándulas sebáceas superactivas.	Menudillos; germen de trigo; levadura de cerveza.	Piel seca; eccema; dermatitis escamosa.
Vitamina C	Antioxidante, protege de los radicales libres. Ayuda a fabricar colágeno. Antibacteriano, ayuda a reducir la infección de la piel. Desintoxica, ayuda a eliminar residuos.	Casis; naranja; pimiento; cereza; fresa; brécol; berro.	Vénulas rotas; piel rugosa y escamosa; cardenales; granos rojizos; cuero cabelludo seco.
Vitamina E (tocoferol)	Ayuda a prevenir el deterioro celular. Fortalece los vasos sanguíneos. Mantiene una buena circulación.	Semillas y frutos secos; pescado graso; aceite de girasol; aguacate; judías; germen de trigo; boniato.	Arrugas prematuras; piel pálida, acné; hematomas; cicatrización lenta.
Ácido fólico	Retrasa la pérdida de humedad de la piel.	Levadura de cerveza; hígado; germen de trigo; melaza.	Piel seca; eccemas; labios agrietados; cutis pálido.
Calcio	Ayuda a la regeneración de la piel. Mantiene un buen equilibrio ácido-alcalino.	Leche; queso; yogur; almendras; perejil; levadura de cerveza.	Piel «cansada» y cetrina.
Magnesio	Trabaja con el calcio para retrasar el encogimiento relacionado con la edad que produce las arrugas; esencial para la actividad muscular.	Vegetales verdes frescos; germen de trigo crudo; haba de soja; leche; cereales integrales; marisco; higo; manzana; pescado graso y frutos secos.	Estreñimiento que produce una piel cetrina y con manchas; encogimiento de los huesos; falta de energía.
Selenio	Antioxidante, protege de los radicales libres; ayuda al cuerpo a usar la vitamina E; reduce la inflamación.	Arenques; melaza; atún; ostras; champiñones.	Cutis marchito; piel seca.
Sílice	Necesario para fabricar colágeno.	Cola de caballo (hierba).	Arrugas prematuras; eccema; psoriasis; acné; mala cicatrización.
Azufre	Combate la infección bacteriana; ayuda a desintoxicar estimulando la secreción de bilis.	Buey magro; legumbres secas; pescado; huevos; col.	Cutis marchito; infecciones cutáneas; fatiga.
Coenzima Q10	Refuerza el sistema inmunitario, reduce la infección bacteriana; antioxidante.	Aceite de soja; sardinas; caballa; cacahuetes; tocino.	Inmunidad reducida; piel cetrina.
Zinc	Antioxidante; ayuda a elaborar la proteína que transporta la vitamina A a la piel; reduce el debilitamiento del colágeno y la elastina; refuerza el sistema inmunitario al destruir las bacterias.	Carne; cereales integrales; levadura de cerveza; salvado de trigo; germen de trigo; lecitina de soja; legumbres.	Cutis marchito; eccema; acné; pelo marchito y sin cuerpo; marcas blancas en las uñas.

Hoy en día se pueden comprar todos los nutrientes en forma de suplementos, pero tu piel obtendrá más beneficios si tomas al menos una dieta diaria de antioxidantes al estilo antiguo. Casi todos los alimentos ricos en antioxidantes están en la verdulería, y contribuyen a la circulación, la desintoxicación y la deshidratación.

Los berros, las zanahorias, los albaricoques y los boniatos, por ejemplo, son buenas fuentes de fibra, que ayudan a eliminar las toxinas al aumentar el «tiempo de tránsito» de los alimentos por los intestinos. La fruta y los vegetales son alcalinos por naturaleza y mejoran la circulación sanguínea al prevenir la formación en la sangre de cristales ácidos que interrumpen el flujo de ésta a los pequeños capilares superficiales. La fruta y la verdura tienen poca grasa de la que retrasa la circulación y ocasiona granos, especialmente si tienes tendencia a la piel grasa. Esto no significa que las grasas sean malas para la piel. Depende de las que elijas.

Ácidos grasos esenciales

Tras décadas de fobia a las grasas, se están reconociendo sus virtudes, lo que es una buena noticia para la piel. No hace falta recordar que las características más comunes de la piel envejecida son la falta de humedad y flexibilidad. Éstos también son los síntomas de una deficiencia de ácidos grasos esenciales (AGE).

Los AGE, que forman parte del tejido de las paredes celulares de la piel, trabajan como hidratantes internos y frenan la fuga de líquidos de las células. Se encuentran en el pescado graso de aguas frías, los frutos secos, las semillas, las carnes orgánicas de caza, las algas y los huevos biológicos. Éstos son precisamente los alimentos cuya popularidad ha disminuido en Occidente en las dos o tres últimas décadas, en la misma medida que ha aumentado la proporción de animales de granja y alimentos procesados que comemos. Teóricamente, los AGE deberían representar al menos el 15% de la ingestión de calorías, pero en muchos casos no llegan ni a la mitad de esta cantidad.

Existen dos clases de AGE, conocidos como omega 3 y omega 6. Los primeros son los que más afectan al estado de la piel y los que más faltan en la dieta occidental.

El cuerpo no puede fabricarlos, de modo que los ácidos grasos omega 3 tienen que proceder de los alimentos. Los fabricantes y los distribuidores de alimentos no los tienen en cuenta porque se trata de sustancias inestables, que se oxidan con facilidad y tienen tendencia a «desaparecer». Si se tratan los alimentos que contienen omega 3 para aumentar su duración, o en el caso de los aceites hidrogenados para hacer margarina, se pierden sus propiedades beneficiosas.

Una forma rápida de aumentar la ingestión dietética de AGE es utilizar en la cocina aceites de sésamo, semillas de uva, nueces, habas de soja o lino. Todos estos aceites son ricos en AGE y tienen tendencia a ponerse rancios, o sea que hay que guardarlos en el frigorífico. También hay que habituarse a su sabor. Una alternativa más fácil para el paladar es el pescado en conserva, como las sardinas, la caballa y el salmón.

Comer pescado enlatado también retrasa la pérdida de minerales de los huesos, un proceso que empieza a los treinta años y que a los cincuenta se hace visible en la cara en forma de arrugas alrededor de los huesos encogidos. Al mismo tiempo, hay que disminuir la ingestión de grasas saturadas y procesadas porque compiten con los AGE del cuerpo y los anulan.

Los efectos de los AGE tardan de cuatro a ocho semanas en hacerse visibles en la piel, pero la diferencia es sustancial. La piel se siente notablemente menos tirante después de la limpieza o de exponerla a los elementos, y su superficie está más tersa y húmeda. A largo plazo, una dieta rica en AGE no previene la aparición de arrugas, pero la retrasa.

Aumentar la ingestión de AGE también presenta beneficios secundarios. Entre otras cosas, ayuda a mejorar la circulación al incrementar la flexibilidad de los glóbulos sanguíneos y permitirles introducirse en diminutos capilares que transportan oxígeno y nutrientes a la piel. Además, disminuye el ansia de comer.

No te preocupes por las calorías extra de los frutos secos, las semillas y el pescado graso: los AGE aceleran el metabolismo y contribuyen a que se quemen las calorías más rápidamente. Se asocian a una disminución, más que a un aumento, de la grasa corporal. El aumento de AGE tampoco volverá más grasa tu piel si tienes tendencia a ello, porque sus moléculas no se agrupan, como las de las grasas saturadas, sino que se dispersan más y, por consiguiente, no obstruyen los poros.

Beneficios suplementarios

El entusiasmo que han despertado los suplementos dietéticos en las dos últimas décadas sigue aumentando. En cuanto un científico revela las virtudes de una sustancia nutritiva, un fabricante de suplementos la concentra inmediatamente en una cápsula o tableta.

Todo esto está muy bien, pero ¿es realmente necesario? La mayoría de estos nutrientes pueden obtenerse fácilmente con la comida. Los que indicamos a continuación, que suelen faltar en nuestra dieta, son los únicos suplementos que necesitas tomar para tener una piel en buen estado.

Vitamina E La dieta occidental no es rica en vitamina E, que se destruye con el agua clorada, los contaminantes del aire y el estrógeno, tanto de las píldoras anticonceptivas como del tratamiento hormonal sustitutivo (THS). Por tanto, puedes tomar un suplemento, pero comprueba que contiene vitamina E natural (con el nombre de d-alfatocoferol), que es mucho más eficaz que la versión sintética (denominada dl-alfatocoferol).

Ácidos grasos esenciales Si no puedes comer suficientes semillas, eres alérgica a los frutos secos y no te gusta el peculiar sabor de los aceites ricos en AGE, toma un suplemento de aceite de borraja.

Coenzima Q10 La falta de este antioxidante, que ayuda a recuperar y activar la inmunidad de la piel, no es rara porque se destruye fácilmente con el alcohol, la cafeína y el azúcar.

Selenio El trigo que se cultiva en Europa contiene poco selenio, así que se suele tener una carencia de él. Además, la gente come ahora menos menudillos, también ricos en selenio.

Glutationa Es un potente desintoxicante y antioxidante, sintetizado en el cuerpo a partir de tres aminoácidos. Todos ellos se encuentran en la fruta y los vegetales, pero son más eficaces si se toman juntos. Por tanto, es más fácil consumirlos en forma de suplemento.

Sílice La capacidad del cuerpo para almacenar este nutriente, que ayuda a construir tejido conectivo, disminuye con la edad. Si no eres aficionada a la infusión de cola de caballo, no es mala idea tomar un suplemento.

¿Demasiado de algo bueno?

Todos estos nutrientes, y los que se enumeran en la tabla de la página 95, son beneficiosos para la piel. Pero en cuanto tu cuerpo tenga bastante vitamina C para fabricar colágeno, suficiente vitamina A para hacer queratina y bastante vitamina E para presentar batalla a los radicales libres, no es útil tomar más. Además, un exceso de algunos nutrientes no solubles en agua puede producir problemas cutáneos de otro tipo.

Alimentos que hay que limitar o evitar

Grasas saturadas: hacen menos flexibles los glóbulos sanguíneos, reduciendo su habilidad para introducirse en los diminutos capilares que nutren la piel. También aumentan el riesgo de obstruir los poros en las personas con la piel grasa.

Azúcar: aumenta la frecuencia y la gravedad de la infección bacteriana en la piel, porque las bacterias se alimentan de ella.

Alimentos fritos, ahumados o asados: cocinar así los alimentos puede destruir los antioxidantes de la comida.

Sal: arrastra el agua fuera de los glóbulos sanguíneos, secando los tejidos, incluida la piel.

Té y café: favorecen la eliminación de agua a través de los riñones, resecando el tejido cutáneo.

Alcohol: interfiere con la función hepática y facilita la acumulación de toxinas, que a menudo llegan a la piel.

cosméticos de cocina

Los nutrientes faciales están ideados para mejorar rápidamente el estado de la piel. Se han utilizado desde la antigüedad como unos primeros auxilios faciales que, si se repiten regularmente, tienen beneficios acumulativos. Muchos de los ingredientes básicos usados en los productos comercializados son derivados de los materiales cotidianos que antes la gente cultivaba o recogía para convertirlos en alimentos de la piel. Las fórmulas quizá hayan cambiado, pero todavía funcionan según los mismos principios.

Básicamente, si te aplicas algo a la piel que se seca a temperatura ambiente, te la tensará. Si le incluyes una sustancia ácida, la exfoliará y tonificará. Si el ingrediente principal es rico en aceites naturales, la nutrirá y lubrificará.

Los productos faciales hechos en casa pueden mejorar visiblemente tu cutis, aumentar la circulación sanguínea local, neutralizar las bacterias, estimular la eliminación de residuos y atrapar la humedad en la superficie. Los ingredientes son fáciles de encontrar y baratos, y no es probable que provoquen reacciones cutáneas alérgicas.

Ingredientes básicos

Arcilla Es, desde hace siglos, una materia prima de los cosméticos para la cara. Es una sustancia paradójica. Puede que sea puro barro, pero también es un limpiador despiadado que arrastra rápidamente las impurezas de la piel. Absorbe el exceso de grasa y tensa los poros, dejando una piel sedosa y uniforme. Como antiinflamatorio, no provoca reacciones alérgicas. Algunas personas afirman que los minerales que la arcilla ha absorbido de la tierra durante miles de años pueden pasar a la piel, pero esto no está demostrado.

La tierra de Fuller es probablemente la arcilla más utilizada para cosméticos faciales; a pesar de su color turbio, goza de unas potentes propiedades limpiadoras. El caolín blanco tiene un fuerte efecto astringente, que reafirma la piel al tiempo que activa la circulación sanguínea y linfática.

La arcilla verde retrasa los desperfectos causados por el tiempo: su repetida aplicación puede frenar la aparición de las arrugas al estimular los músculos superficiales de la cara junto con el flujo linfático y sanguíneo. Normaliza la piel grasa y enriquece la piel seca.

La arcilla mezclada con agua (floral o de manantial) y unas gotas de aceites esenciales constituye la base de la mascarilla facial más rápida y simple.

Harina Se emplea para unir los ingredientes, como en la cocina, pero, si se elige con cuidado, también nutre y limpia. La harina de gram (una variedad de garbanzo del Asia tropical) se utiliza en el subcontinente indio como materia prima para los cosméticos. Pueden utilizarse otras harinas, como la de maíz, trigo o avena.

Kelp Tiene un efecto parecido al de la arcilla y puede afinar la piel y tensar las poros. Es una fuente muy rica de vitaminas y minerales. Sin embargo, necesita un aceite esencial que le proporcione un aroma a cosmético, a fin de que pierda su peculiar olor a pescado.

Levadura de cerveza Tiene propiedades extractoras, de modo que puede limpiar y mejorar la piel, sobre todo la grasa. También es un buen agente de unión.

Cúrcuma Es una materia prima asiática usada tradicionalmente en las mascarillas faciales prenupciales por su brillo especial. Es un antiséptico que puede aclarar el cutis y suavizar la piel.

Yogur Contiene ácido láctico, que ayuda a extraer la grasa y las bacterias de la piel. Utilizado con regularidad, ayuda a prevenir los granos y equilibra la acidez de la piel.

Miel Es una sustancia viscosa que hidrata la piel. Por sus propiedades ligeramente antisépticas, también puede mejorar la piel grasa.

Granos de polen Son ricos en aminoácidos, vitaminas y minerales. Se usan para revitalizar la piel envejecida, porque su efecto exfoliante incrementa los que producen los nutrientes.

Huevo Constituye un doble regalo. La clara es buena para cerrar los poros y afirmar la piel. La yema, que contiene muchos ácidos grasos, lubrica y nutre. Normalmente se aplican por separado.

Aloe vera Es una planta que se emplea desde hace miles de años por sus propiedades curativas. El líquido o gel que se extrae de ella contiene enzimas activas que se cree que disminuyen las arrugas.

Aceites vegetales y de nueces Se utilizan como emulsionantes. Hidratan, nutren y suavizan.

Agua de flores Es una mezcla de agua destilada y aceites esenciales. La más popular para el cuidado de la piel es la de rosas, cuya ligera acidez la convierte en un buen tónico. El agua de azahar se usa para equilibrar la piel grasa.

Agua floral Es el líquido que queda cuando los aceites esenciales se destilan, y se utiliza para tonificar y reequilibrar la piel. Se incorpora a la mascarilla o se frota por separado sobre la piel después de retirar aquélla. Tradicionalmente se emplea el hinojo para prevenir o combatir las arrugas. La caléndula tiene buena fama como hidratante si se aplica sobre una piel envejecida.

Frutas y verduras

Estos alimentos son ricos en una variedad de enzimas que se cree que estimulan las células cutáneas. No es seguro que puedan penetrar suficientemente para marcar una diferencia a largo plazo, pero sin duda pueden dejarte la piel viva y resplandeciente. La fruta, aunque de una forma condensada y sintetizada, es un ingrediente clave en los *peelings* faciales con ácido glicólico, que se han hecho tan populares. Los cosméticos faciales preparados en casa contienen más ingredientes buenos de la fruta que los que se compran en la tienda.

Para pieles secas o maduras

El **aguacate** es rico en aceites monoinsaturados, que la piel absorbe fácilmente, y en vitamina E, un luchador contra los radicales libres. La **uva** es rica en elementos diminutos que se cree que estimulan la reproducción de nuevas células cutáneas; su zumo ácido ayuda a exfoliar la células muertas de la piel. La **zanahoria** es rica en betacaroteno antioxidante, que repele los radicales libres perjudiciales, y es un buen hidratante. Es muy líquida y necesita un buen agente de unión. La **papaya** contiene papaína, una enzima vegetal que ayuda a disolver la piel muerta. El **casis** es un buen hidratante.

Para pieles normales

El **melocotón** es calmante y un lubricante ligero. La **piña** contiene bromelina, una enzima que ayuda a deshacer los residuos de proteínas en los intestinos y se cree que disuelve los residuos en la piel. El **tomate** es muy alcalino, o sea que ayuda a moderar la acidez de la piel y actúa como un emoliente suave. El **plátano** es rico en almidón y azúcar, y una buena base sólida para una mascarilla calmante y nutritiva. La **manzana** contiene pectina, que es un potente desintoxicante y un ligero antibacteriano.

Para pieles grasas

La **pera** ayuda a eliminar los residuos a través de la epidermis. El **limón** lanza un ataque en dos frentes contra la piel grasa. Como antiséptico astringente, ayuda a neutralizar las bacterias y los poros obstruidos, y la vitamina C acelera la curación de granos y manchas. El **pepino** contiene la esterasa del ácido ascórbico, que actúa como astringente para cerrar los poros abiertos. El **albaricoque** contiene vitamina PP, que es un bactericida y un astringente fuerte. La **fresa** contiene ácido salicílico, que se utiliza para *peelings* de ácidos frutales comerciales, y es astringente, de modo que ayuda a equilibrar la piel grasa.

Lo más importante es obtener una buena consistencia: si es demasiado líquida, tendrás que estar echada para que no se te caiga; si es demasiado sólida, puedes estropearte la piel al retirar la costra.

Para preparar una mascarilla necesitarás un poco de líquido, algo para ligarlo todo y aceite. El líquido es fácil de obtener de la fruta o la verdura; también puedes añadir agua floral o normal. Esta última es mejor que sea de manantial o destilada. Si usas agua del grifo, fíltrala y hiérvela, si es posible, a fin de eliminar los depósitos y las impurezas.

Si la base elegida es una fruta o un vegetal, necesitarás un material de unión o un líquido para reducir la pulpa a una masa fina; de otro modo te arriesgas a convertir tu cara en un transitorio montón de abono. Puedes usar el agente de unión para incorporar los restantes ingredientes. Si utilizas alimentos procedentes de plantas, yogur o ambas cosas, quizá necesites arcilla en polvo o harina para mezclarlo todo.

Cuando incluyas aceite, añádelo al final y déjalo caer poco a poco, como lo harías al preparar una mayonesa, para que pueda emulsionarse. Si le agregas una cápsula de aceite de borraja o de rosas tendrás una mezcla con algún efecto antienvejecimiento, que contribuye a eliminar los radicales libres y a retener la humedad.

El aceite más utilizado habitualmente en las mascarillas faciales tradicionales es el de almendras, pero cualquier otro te servirá. Elígelo de acuerdo con tu tipo de piel (véase la página 35).

Aplicar la mascarilla

En primer lugar, comprueba que tu piel está completamente limpia y, si es necesario, exfóliala (véase la página 88). De otro modo, los residuos en la superficie o las células de piel muerta impedirán una buena absorción. Para resaltar los efectos de una mascarilla facial, masájeatela por la cara metódicamente, con movimientos ascendentes y hacia fuera. Es preciso que la dejes un mínimo de 10 minutos. Si al cabo de 20 minutos no ha surtido efecto, es que nunca lo hará. Enjuágatela con agua tibia, utilizando una toallita o un paño de muselina limpio si la mezcla se ha solidificado.

Si quieres realizar el tratamiento completo, aplícate después un tónico. Un agua de flores, como de rosa o azahar, es ideal y puedes incrementar sus efectos añadiéndole un aceite esencial adecuado. La bergamota, el ciprés y el junípero son buenos tónicos, pero puedes utilizar cualquiera de la lista de la página 35, según tu tipo de piel.

No caigas en la tentación de ponerte maquillaje después para estar más guapa. Si se deja la piel tranquila, con la absorción directa del aire utilizará el 2-3% del oxígeno total del cuerpo y se desprenderá de al menos la misma cantidad de dióxido de carbono. Ambas cosas la revitalizan.

Mascarilla nutritiva de aguacate y miel

Los aceites ricos del aguacate, la capacidad humidificante de la miel y los efectos estimulantes de los aceites esenciales la convierten en un buen nutriente para la piel seca y envejecida.

1 cuarto de aguacate, maduro
2 cucharaditas de yogur griego natural
1 cucharadita de miel líquida
2 gotas de jazmín o rosa

Aplasta el aguacate cuidadosamente con un tenedor y mezcla los restantes ingredientes. Aplícate una capa gruesa en la cara y déjala al menos 10 minutos. Retira la mascarilla con una muselina seca y elimina el resto con una toallita empapada en agua tibia.

Tónico de pepino y arcilla

Las propiedades astringentes del pepino y la arcilla lo convierten en un buen tónico para la piel de normal a grasa.

un trozo de pepino de 5 cm
2 cucharaditas de levadura de cerveza
4 cucharaditas de arcilla verde

Mezcla todos los ingredientes en la batidora hasta obtener una pasta fina. Si está demasiado líquida, añádele otra cucharadita de arcilla.

Mascarilla de cúrcuma y huevo

Las grasas esenciales de la yema de huevo y las propiedades calmantes de la cúrcuma la convierten en una buena mascarilla para una piel cansada de seca a normal.

1 huevo, separado
2 cucharaditas de levadura de cerveza
2 gotas de aceite de jojoba
2 cucharaditas de cúrcuma
2 cucharaditas de granos de polen
agua de rosas para mezclar

Bate la yema de huevo y añádele los restantes ingredientes. Es fácil de aplicar pero muy pegajosa, o sea que extiéndela con cuidado.

Mascarilla reafirmante de huevo

Combina las propiedades tensoras de la clara de huevo, las refinadoras del kelp, y la astringente y reafirmante del aceite de geranio.

1 clara de huevo
1 gota de aceite esencial de geranio
4-6 cucharaditas de kelp

Bate un poco la clara hasta que esté burbujeante pero no compacta. Mezcla con cuidado el kelp y el aceite. Extiéndetela por la cara y espera a que se seque antes de enjuagarte la cara y retirarla.

Tónico refrescante

Después de aplicarte una mascarilla facial, tu cara puede necesitar un ligero refresco. La receta siguiente es para pieles de secas a normales. Para pieles de normales a grasas, sustituye el agua de rosas por un agua floral de azahar y la lavanda y el incienso por bergamota y ciprés.

100 ml de agua de rosas
1 gota de lavanda
1 gota de incienso

Mezcla los líquidos con cuidado agitándolos en un frasco pequeño. Empapa una bola de algodón y frótate suavemente la cara.

¿está sedienta
tu piel?

líquidos activos

La cara inspira más descripciones poéticas que ninguna otra parte del cuerpo, exceptuando quizá el corazón. Si es atractiva, se la compara a menudo con una flor o una fruta (cutis de melocotón, etcétera). «La belleza no es más que una flor que las arrugas devoran», escribió el poeta Thomas Nashe (1567-1601); hay cosas que el paso de los siglos no cambia. Como una planta, la piel de la cara necesita una cosa sobre todo para florecer: agua.

En cierto sentido, la cara no es diferente de cualquier otra parte del cuerpo; éste se compone de dos tercios de agua. La deshidratación en otros órganos del cuerpo puede causar una serie de problemas, pero las consecuencias son invisibles. En cambio, la piel deshidratada se manifiesta en el exterior en forma de arrugas, bolsas y bultos.

Al igual que un globo necesita aire para mantener tensa y flexible su membrana y su forma regular, la piel necesita agua para rellenarse. Si privas a cualquiera de los dos del material que lo mantiene a flote, se hundirá.

Los fabricantes de productos para la piel quieren convencernos de que existen al menos seis tipos de piel (una lista que parece alargarse día tras día a medida que aumenta el ingenio comercial). A los preparados tradicionales para piel seca, normal o grasa se añaden ahora los dedicados a pieles «sensibles», «mixtas», «maduras» y el comodín «con problemas». Aunque todas podamos pensar que entramos en una de estas categorías, con los años casi todas desarrollamos una única piel: deshidratada.

Siempre ha sido así. Las mujeres de la época isabelina empapaban su cara en agua de legumbres, agua de lluvia y orina en sus esfuerzos por rehidratarla, mientras que en el siglo XVII las aspirantes a bellas sacrificaban pajaritos para elaborar «agua de paloma».

La gran fuga

Desgraciadamente, la deshidratación también forma parte del proceso de envejecimiento natural. Con la edad, la piel se hace más fina y deja escapar más humedad. La piel de la cara –la más fina del cuerpo– pierde proporcionalmente más humedad de lo que debería por su grosor porque es la parte más expuesta. El proceso de adelgazamiento avanza de modo imperceptible a partir de los treinta años, pero se acelera con la menopausia. Una de las razones por las que la piel de los hombres tiende a envejecer más lentamente es que es más gruesa desde el principio; por tanto, retiene más humedad y no sufre cambios hormonales.

Con la edad, también se suda menos y se produce menos sebo. Aunque el sudor y el sebo no parezcan una receta de belleza, son grandes guardianes de la hidratación. La grasa facial producida por las glándulas sebáceas no lubrica la piel como un aceite de teca una vieja mesa de madera. Como el sudor, impide que el agua se escape

y forma un sello superficial. Sin embargo, incluso una adicta al aerobic de veinte años con la piel grasa verá que la cara se le seca más fácilmente que los tobillos, las nalgas o la barriga. Si bien la forma y la textura de un globo que se deshincha son perceptibles en unos pocos días, la deshidratación de la piel sucede tan despacio que es imperceptible, excepto retrospectivamente.

La compra impulsada por el pánico

Casi todas las mujeres, hacia los treinta o cuarenta años, responden a una situación de crisis almacenando más cremas hidratantes. Su demanda ha aumentado un 50% en los cinco últimos años, un reflejo probable del envejecimiento de la población y de las promesas pseudocientíficas con que se venden cremas de alta tecnología.

Las cremas hidratantes, a pesar de su nombre, no siempre aportan hidratación a la piel. La epidermis puede absorber relativamente poca y su capacidad de absorción disminuye con la edad, porque la proporción de queratina desciende. Las cremas hidratantes son en realidad una especie de sustituto del sebo y el sudor diseñado para impedir que el agua se escape.

Tradicionalmente, hay dos tipos de emulsiones: de aceite en agua y de agua en aceite. En la primera, las microgotas de aceite se retienen dentro del agua, dando una crema ligera y líquida; en la segunda, el agua se retiene dentro del aceite, lo que produce una crema más consistente.

Los hidratantes fluidos parece que hidraten más la piel, pero su efecto es muy transitorio porque la mayor parte del agua aplicada a la superficie de la piel se evapora. Puedes obtener un efecto parecido frotándote o rociándote la cara con agua.

Además, incluso lo que se consigue con las cremas de aceite en agua tiene un precio. Como contienen mucha agua, que es muy vulnerable a la infección, necesitan más conservantes para impedir que se multipliquen las bacterias. El más habitual es el ácido hidroxibenzoico, que a corto plazo puede causar irritación y a largo plazo puede acumularse en el cuerpo con efectos desconocidos. Se ha propuesto su prohibición en Estados Unidos.

Los fabricantes de productos para la piel están deseosos de aprovechar este mercado en expansión y producen nuevos y atractivos preparados que venden con promesas tecnológicas cada vez más imaginativas. Así, a las convencionales cremas de aceite en agua se han añadido las que contienen liposomas, nanosferas y otros sistemas pensados para transportar agua a la piel.

Por muy refinada que sea la tecnología que hay tras las cremas, todos los esfuerzos se centran en el síntoma externo más que en la causa interna. No obstante, donde se necesita el agua es en la dermis, cuyas células se componen de un 80% de líquido. Las moléculas de proteína de la sustancia base gelatinosa que soporta el tejido conectivo de la piel están diseñadas para absorber mil veces su peso en agua y necesitan beber.

Con el agua pasa como con la comida: los mayores beneficios proceden del consumo del producto más que de intentar aplicarlo, por el medio que sea, a la cara.

usada y perdida

En un día normal, sin un sudor exagerado, el cuerpo pierde una media de 1,5 litros de agua a través de la piel, los intestinos y los riñones. Tiene que hacerlo para eliminar toxinas, entre ellas las que causan la aparición de bolsas oscuras bajo los ojos y las que se acumulan bajo la piel y salen en forma de granos. Al mismo tiempo que expulsa agua, el cuerpo también necesita producir un tercio de litro de agua para quemar glucosa y disponer de energía.

Obviamente, la cantidad de agua que utilizamos y perdemos varía de una persona a otra, según su estatura y nivel de actividad. Por término medio, una persona necesita tomar al menos dos litros de agua al día para funcionar de forma óptima.

Pocas personas beben esta cantidad. Quizá parezca que lo hacen, pero la costumbre social dicta que una gran parte del líquido que se toma sea café, té, cerveza, coca-cola y refrescos azucarados con sacarina. Todos ellos son diuréticos, de modo que gran parte del líquido que se toma entra en el sistema de eliminación al cabo de un par de horas de vaciar la copa. No tiene tiempo de hidratar las células cerebrales y aún menos de ser absorbido por la dermis, que es una de las últimas de la lista en el orden de prioridades del cuerpo.

En consecuencia, la mayoría de las personas, sin saberlo, están deshidratadas crónicamente. Los efectos, sin ser peligrosos para la salud, pueden afectar seriamente a la actividad diaria. Fatiga, dolor de cabeza, indigestión y dolor en las articulaciones son los síntomas más comunes de la deshidratación, aunque a menudo los atribuimos a otras causas.

Primero la sed

Si a tu cuerpo le falta tanta agua que su protesta te llega a doler, ¿cómo es que no tienes sed todo el rato? Es muy fácil: cuando privas de agua a tu cuerpo, se embota el mecanismo de la sed. Se interrumpe el mensaje al cerebro ordenándole que beba, probablemente una medida de supervivencia para adaptarse con rapidez a una sequía. Pero a largo plazo, el cerebro acaba por aceptar la reducción moderada de agua como norma.

Los niños son diferentes. El agua constituye una gran parte de su tejido corporal y tienden a expulsar más. Por eso tienen un mecanismo preciso y sensible de la sed a juego con ello: beben mucho y tragan, más que sorber, las bebidas. El mecanismo declina de modo natural entre los 15 y los 25 años, pero lo que embota la sensación de sed es sencillamente no beber suficiente.

En cuanto empieces a beber más, los mecanismos naturales se despertarán de nuevo y volverás a sentir sed. En poco tiempo querrás beber la cantidad de agua que tu cuerpo necesita. Pero, curiosamente, nunca sentirás la garganta seca, porque éste es uno de los últimos síntomas de deshidratación, no el primero.

Cuando el cuerpo necesita agua, manda mensajes a través de varios sistemas que se manifiestan en forma de síntomas sutiles. Puede ser un cosquilleo en las vías nasales o una ligera sensación de fatiga. Los síntomas de la sed auténtica son bastante individuales y se empiezan a reconocer cuando se siguen los propios instintos. No es difícil cuando te pones a ello, porque los beneficios –incluido un aumento de la energía– son muy tangibles. Y no temas: si sigues esos instintos no tendrás que ir al baño a cada momento, porque la capacidad de tu vejiga aumentará si bebes más.

Los beneficios para la cara no consisten sólo en aumentar el suministro de agua a las células dérmicas. Existen muchos efectos secundarios. Una consecuencia estética adicional de beber más agua suele ser la pérdida de peso.

Éste es un efecto secundario inesperado, aunque a menudo es bienvenido, y está provocado por la recuperación del mecanismo de la sed. Cuando los niveles de energía del cuerpo son bajos, el sistema de control central del cerebro registra las sensaciones de hambre y sed simultáneamente. Programados desde la infancia para asociar los sabores dulces a la energía, la mayoría buscamos, en el mejor de los casos, un plátano, y en el peor, una galleta. Si bebes agua en lugar de picar cuando sientas una necesidad de energía, tu cuerpo aprenderá la diferencia, sorprendentemente sutil, entre hambre y sed.

¿Cuánta sed tiene tu cuerpo?

Con un cálculo sencillo puedes averiguar cuánta agua necesita tu cuerpo en un día normal. Divide tu peso en kilos por ocho y redondea la cifra. Por ejemplo, si pesas 60 kilos la división resultante es siete y medio; por tanto, la cifra es ocho. Éstos son los vasos que necesitas tomar al día, equivalentes a dos litros más o menos.

Esta cantidad es el número mínimo de vasos que necesitas en un día de actividad normal en tiempo frío. Cuando hay sol y estás trabajando en el jardín o corriendo, añádele la mitad de esa cantidad.

No olvides que también puedes comer agua. Algunos frutívoros, que viven sólo de fruta fresca, no beben nada de un vaso o una taza. Casi todas las frutas y verduras contienen un 90% de agua, y cuatro piezas de fruta y cuatro raciones de verduras (algo más de un kilo de peso) proporcionan un litro de agua.

Rehidratar el cuerpo bebiendo más agua puede mejorar la piel en más de un sentido.

En personas con piel de seca a normal, estimula las glándulas sebáceas para que produzcan más grasa, que retiene más humedad. No te preocupes: la piel grasa no producirá más grasa.

Los riñones se vacían con más eficacia; por consiguiente, menos toxinas viajan a la superficie de la piel.

Los músculos de la cara y de cualquier otra zona del cuerpo se hacen más fuertes y flexibles. Deberían estar formados por tres cuartas partes de agua y sólo con que pierdan el 3% de ella ya pierden el 10% de fuerza.

El tejido conectivo se hace menos rígido cuando está hidratado porque la gelatina en que se basa se flexibiliza y los gestos quedan menos fijados.

¿Embotellada o del grifo?

El miedo acerca de la calidad del agua que se abre paso por la red de suministro antes de salir por los grifos domésticos ha hecho aumentar las ventas de agua embotellada.

En principio, existen buenas razones para cambiar el agua del grifo por la embotellada. En el agua del grifo se han identificado centenares de productos químicos contaminantes; los más habituales son nitratos, plomo, aluminio y pesticidas. Sin embargo, el agua embotellada no es siempre una sustancia tan pura y simple como parece.

El agua embotellada se clasifica en agua de mesa, de manantial y mineral natural. Sólo esta última tiene la garantía de proceder de una fuente subterránea no contaminada, y no ha sido tratada. El agua de manantial también es normalmente subterránea, pero no tiene que haber sido embotellada en el lugar de procedencia y puede haber sido tratada para eliminar las bacterias. El agua de mesa es la que está menos definida y puede ser una mezcla de agua de diversas procedencias, incluida el agua del grifo. Sin embargo, normalmente ha sido purificada y a menudo se le han añadido minerales.

No creas que el agua mineral es un suplemento nutritivo líquido. El agua de manantial o del grifo a menudo ha sido carbonatada artificialmente, proceso que puede ocasionar que las moléculas de carbono se unan a los minerales del cuerpo y le quiten nutrientes. Incluso el contenido mineral de la auténtica agua mineral es reducido y no siempre equilibrado para la salud. Si el agua es rica en sodio, por ejemplo, también tendrá un efecto ligeramente deshidratante. En la etiqueta del análisis, busca una proporción elevada de calcio a sodio. Si compras agua embotellada, elígela de vidrio, porque los productos químicos de las botellas de plástico expuestas al sol pueden pasar al agua.

Otra opción es filtrar el agua. La mayoría de los filtros que contienen carbono activado y resinas de intercambio de iones, eliminan los metales, el cloro y la dureza del agua. Pero la filtración también elimina, junto con las impurezas, algunos de los minerales que se encuentran allí de modo natural, como el calcio.

Los filtros también eliminan el cloro que se añade al agua del grifo para destruir las bacterias, o sea que no dejes el agua en la jarra más de un día o guárdala en la nevera. Cambia el filtro regularmente; en caso contrario, quedarán dentro residuos perjudiciales que pueden pasar a la jarra.

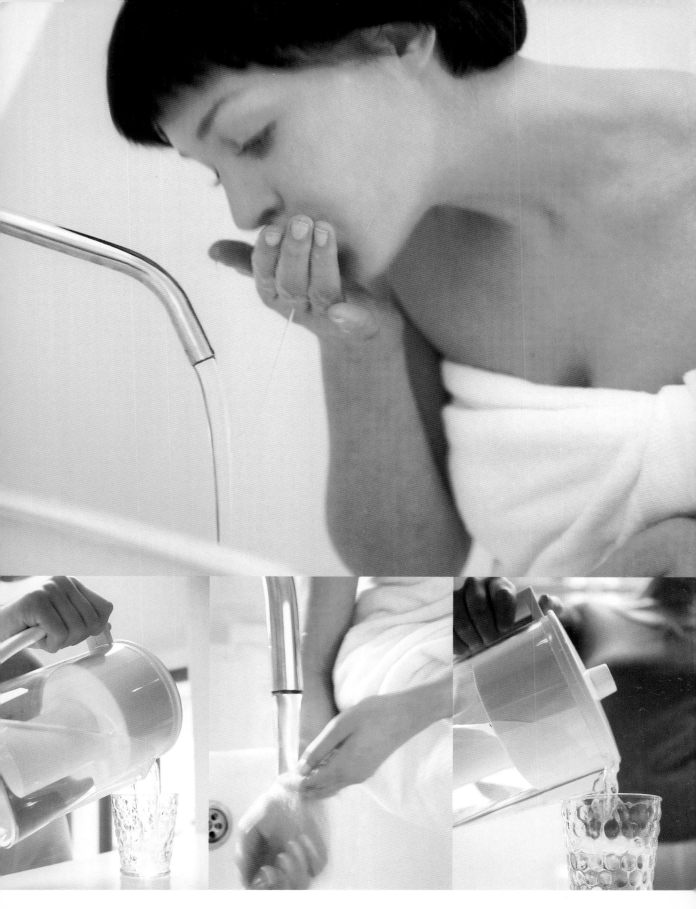

Una cosa es introducir agua en tu organismo y otra impedir que salga. Evidentemente, cierta cantidad tiene que dejar el cuerpo para llevarse las toxinas e impurezas. Pero las condiciones de vida actuales favorecen que se escape demasiada. La calefacción central, el aire acondicionado, los baños de sol, los aviones, el tabaco, el alcohol y las dietas son vías rápidas hacia las arrugas.

La luz solar

La gente que vive gran parte del año en uno de los climas fríos y monótonos del norte de Europa, da gracias a su buena estrella. Seguramente echan de menos el sol, pero éste cobra un alto precio a la piel. El sol incrementa de forma espectacular el índice de evaporación de agua de la epidermis. Pero no sólo esto.

Sus rayos incrementan la producción de radicales libres en la superficie de la piel; se oxidan los lípidos de la epidermis y se desordena su estructura molecular. Si pelas una manzana y la dejas expuesta a la luz, se volverá marrón. Al mismo tiempo, su pulpa superficial perderá sustancia y tono, y finalmente se cubrirá de arrugas. Es la acción de la oxidación, que afecta de igual modo a la piel empapada de sol.

En conjunto, el sol produce el 80% de los cambios asociados al envejecimiento. Por tanto, especialmente si tienes la piel de seca a normal, ponte a la sombra. Si no puedes evitar o resistir estar al sol, necesitas vitaminas de apoyo. Las cremas que contienen las vitaminas antioxidantes A, C y E suprimen los radicales libres en contacto.

Las pantallas solares, las cremas, los bloqueadores y las lociones protegen la piel de los rayos ultravioleta perjudiciales. Pero cuanto

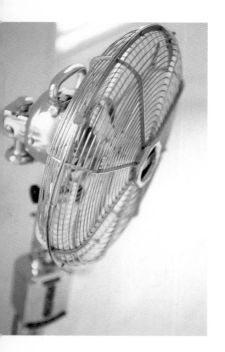

más protectoras son, más dependen de productos químicos sintéticos. A menudo contienen sustancias como ácido paraaminobenzoico, que puede ocasionar eccemas alérgicos; estearilalcohol, que puede deshidratar la piel; aceite mineral, que impide que la piel respire; antranilatometil, que está hecho de alquitrán de carbón y puede provocar erupciones; propilenoglicol, cuyo uso empieza a prohibirse porque produce reacciones adversas; alcohol, que deshidrata la piel, o coumarina, que puede provocar dermatitis de contacto y, paradójicamente, fotosensibilidad. Entre los efectos secundarios más comunes advertidos en los preparados comerciales para el sol están, curiosamente, las quemaduras de la piel y las ampollas.

Si estás expuesta sólo a un sol moderado y no tienes una piel muy clara ni excesivamente seca, puede bastar la aplicación de un aceite natural vegetal con propiedades protectoras. El más efectivo es el de jojoba, que tiene un factor de protección de 5 a 10. La alta viscosidad del aceite de cera de abejas significa que se adhiere a la superficie de la piel. La manteca de shea tiene un 50% de grasa, incluidos ácidos grasos esenciales, y ofrece una buena pantalla protectora así como antioxidantes. Los aceites de aguacate, escaramujo, sésamo y germen de trigo son ricos en vitaminas antioxidantes y, por tanto, combaten de forma natural los radicales libres. Puedes combinarlos de varias maneras, añadiéndoles un poco de vitamina E a modo de conservante, como en la receta.

Pantalla solar natural

3 cucharaditas de aceite de germen de trigo, 2 cucharaditas de aceite de sésamo o aceite de manteca de shea, 3 cucharaditas de aceite de aguacate, 3 cucharaditas de aceite de jojoba, 3 cápsulas de aceite de vitamina E

Vierte todos los ingredientes en un frasco de vidrio, tápalo y agítalo bien. Guarda el aceite en la nevera, porque la exposición al calor y a la luz destruye sus propiedades antioxidantes. Aplícatelo regularmente en la piel si el sol es suave, pero no lo consideres una protección total. Un aceite como éste tiene un factor de protección solar (FPS) de 4 o 5, o sea que es un filtro solar más que un bloqueante.

El tabaco

Después del sol, el tabaco es el principal causante de las arrugas. Adelgaza la piel alrededor de un 40% y el agua se escapa con más facilidad. Aún más daño ocasionan los productos químicos de los cigarrillos, que rompen las fibras del colágeno y la elastina, acelerando el proceso normal de envejecimiento. El humo del tabaco también contiene una sustancia denominada benzopireno, que destruye la vitamina C necesaria para fabricar el colágeno y está llena a rebosar de radicales libres que degradan la piel. Fumar también constriñe los diminutos capilares que nutren la piel, de modo que ésta queda privada de nutrientes y oxígeno. Además, las expresiones faciales que el tabaco favorece –empequeñecer los ojos y fruncir los labios– tensan la delicada piel de la cara.

Si sumas todos estos efectos, el resultado es que fumar añade 15 años a la edad de la piel y los fumadores tienen cinco veces más pro-

babilidades de tener arrugas marcadas que los no fumadores de la misma edad. ¿La respuesta? Por desgracia, lo único que podemos decir es «déjalo». Si lo has intentado y has fracasado, al menos reduce el número de cigarrillos y aumenta la ingestión de nutrientes antioxidantes y agua para contrarrestar algunos de los efectos del tabaco.

La calefacción central y el aire acondicionado

El precio de la comodidad en casa y en la oficina es la deshidratación. Los dos sistemas tienen intenciones opuestas en cuestión de temperatura, pero el mismo efecto de robar humedad al aire.

En casa no pongas muy alta la calefacción y utiliza un humidificador. Colocar un recipiente con agua hirviendo encima del radiador no es una alternativa muy práctica, pero sí eficaz: la humedad del aire puede aumentar hasta un 80-85%, que es el nivel óptimo para la piel.

Alcohol

El alcohol reseca la piel de la cara tanto como los tejidos internos; provoca una sed insaciable y fuertes dolores de cabeza. Hace que el cuerpo pierda agua rápidamente y que los glóbulos rojos se peguen. Une los capilares de modo que pueden romperse y formar vénulas en la cara. Envejece la piel porque roba al cuerpo oxígeno y vitamina C.

Dietas

Adelgazar se ha convertido en el pasatiempo nacional. Se calcula que más del 85% de la población adulta de menos de 50 años ha seguido alguna dieta. La mayoría fracasa y a menudo perjudica su piel en el intento. El error más habitual es reducir drásticamente las grasas. Como ya se ha dicho (véase la página 96), la piel depende de un suministro regular de ácidos grasos esenciales para mantenerse hidratada y flexible. Las dietas de choque ocasionan pérdida de músculo. Las dietas yo-yo (en que pierdes peso, lo recuperas, vuelves a perderlo y así sucesivamente) resecan y envejecen la piel a largo plazo.

Si quieres adelgazar pero salvar la piel, haz una dieta a paso razonable, que incluya muchos frutos secos, semillas y pescado graso, y esfuérzate por mantener tu peso ideal cuando lo alcances.

Los aviones

El reciclaje del aire en una cabina cerrada lo reseca demasiado: puede haber sólo un 2% de humedad en él. Incluso un vuelo de duración moderada puede resecarte la piel significativamente. La solución es beber agua antes, durante y después del vuelo, y no tomar bebidas alcohólicas deshidratantes, por mucho que sirvan para pasar el rato.

En un vuelo de larga duración, rocíate la cara una vez cada hora (véase la página 112).

Seguramente más de una vez has oído decir a alguien: «Mi abuela nunca se puso en la cara otra cosa que agua y jabón y tiene una piel estupenda para su edad». Es probable que sea gracias al agua y el jabón.

La cara se beneficia del riego tanto externo como interno. La epidermis sólo puede absorber una pequeña cantidad de líquido: sus células planas y superpuestas contienen como mucho un 20% de agua. Sin embargo, si su capacidad de absorción se mantiene al completo, la diferencia puede resultar visible. La forma más segura, barata y eficaz de hacerlo es aplicarse agua regularmente.

Si te salpicas la cara con agua, rehidratarás la piel y estimularás la circulación. Aumentarás su efecto utilizando agua fría o alternando fría y tibia. Algunas personas creen ciegamente en una dosis diaria de agua helada. Sin embargo, no lo intentes si tienes la piel muy clara y sensible porque puede reaccionar haciendo salir vénulas. Después de mojarte la cara, retírate sólo las gotas y aplícate un crema hidratante de agua en aceite para controlar la evaporación.

Debes ser selectiva con el agua que utilizas. Puede ser un bien universal, pero tiene muchas variedades. El agua dura, que contiene cal y otros depósitos cálcicos, disuelve algunos lípidos de la superficie de la piel y perturba el «manto» ácido que la protege de la invasión bacteriana. De forma ideal, la piel tiene un pH de cinco o seis, pero los residuos del agua dura pueden incrementar su nivel alcalino, dejándola tirante y poco flexible.

Si el agua que entra en tu casa es dura, descompónla un poco cuando salga del grifo. Los ablandadores del agua soluble pueden convertir el agua dura y escamosa en un elemento bueno para la piel. Si no los encuentras, utiliza agua destilada o embotellada.

Rocíate por todas partes

Fuera del baño, tu cara necesita un sistema de irrigación portátil cómodo, que puedes encontrar en una tienda de jardinería. Un aerosol pequeño de plástico para plantas sirve igual que cualquiera de los bonitos aerosoles «faciales» que venden en las perfumerías.

Rellena la botella con agua destilada o de manantial y añádele tres gotas de aceite esencial. Los mejores son los florales, como de jazmín, rosa o lavanda.

Utiliza el aerosol cuando sientas la piel tirante, viajes en avión o el clima sea muy cálido. Rocíate también la cara antes de aplicarte una crema hidratante, que, como hemos dicho, está ideada para retener la humedad existente en la piel más que para añadirla. En todos los casos, acuérdate de cerrar los ojos.

A fondo con el jabón

Mojarte con agua eliminará algunas bacterias y suciedad superficiales, pero si quieres limpiarte a fondo necesitas, al igual que las abuelas, jabón.

Por suerte, el jabón ya no es lo que era. Sin embargo, el jabón doméstico, con un pH de 8 y un contenido graso de sólo el 2%, reseca demasiado la piel y puede producir el tipo de escamas e irritación que antes se conocía como «eccema del ama de casa». La Asociación Médica de Estados Unidos advierte contra el potencial alérgico de muchos limpiadores y recomienda el uso de jabón y agua aun reconociendo que reseca la piel.

En la actualidad, puedes encontrar una amplia gama de jabones supergrasos (a menudo comercializados «para piel sensible») que contienen sustancias como manteca de cacao o aceite de oliva y aumentan hasta un 15% el nivel de grasa. El jabón de glicerina es también más rico en grasa que el jabón normal y se beneficia de las propiedades humectantes de la glicerina.

Que no se te escape

Si te estás regando por dentro y por fuera, el paso siguiente es retener la hidratación al máximo. Los ungüentos de cera y aceite constituyen una solución fácil para piel de seca a normal. Puedes preparar una versión sencilla en casa sin los conservantes químicos que necesitan los hidratantes comerciales para impedir que el agua se infecte.

Pantalla para la piel

20 g de cera de abejas, 80 ml de aceite de almendras o macadamia, 2 gotas de aceite esencial de rosas

Puedes utilizar casi cualquier planta o aceite esencial. Los aceites que indicamos son útiles: el de macadamia es un buen protector y el de rosas refuerza los capilares frágiles. Lo más importante es lograr las proporciones adecuadas de grasas sólidas y líquidas y mezclar bien.

Calienta agua en un hervidor doble y, cuando hierva, pon la cera de abejas y el aceite de almendras o macadamia en el compartimiento superior. Cuando la cera esté completamente fundida, apaga el fuego y agita el ungüento hasta que empiece a espesarse. Déjalo enfriar a 15-20 ºC (utiliza un termómetro de cocina para comprobar la temperatura). Después echa el aceite esencial y agita de nuevo.

Viértelo en un frasco y guárdalo en el frigorífico. Si tu piel tiene tendencia grasa, quizá te resulte demasiado pegajoso. En ese caso, prepáralo con 15 g de cera de abejas y 85 ml de aceite, y escoge un aceite resecante, como el de cardo.

Loción para los labios

20 g de cera de abejas blanca, 25 ml de aceite de oliva, 5 ml (1 cucharadita) de aceite de jojoba, 1 cápsula de vitamina E, 3 gotas de aceite esencial de caléndula

Funde la cera y mézclala con el aceite de oliva como en el ejemplo anterior. Retíralo del fuego, añade el resto de los ingredientes y deja enfriar en un frasco. El aceite esencial de lavanda o geranio también es bueno para los labios resecos.

date un respiro

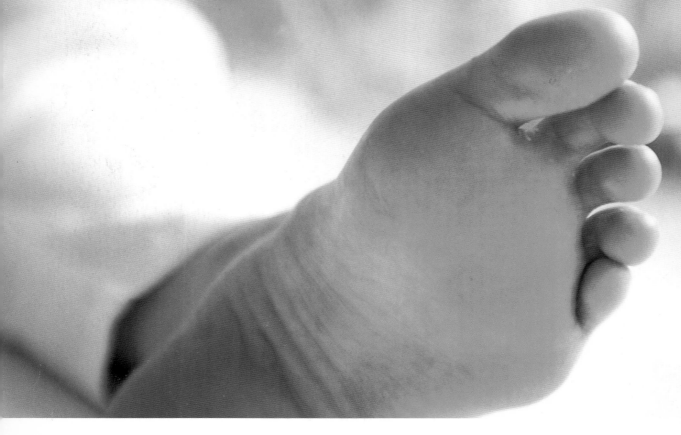

déjate ir

No hay forma de esconder tus problemas. Tu cara, siempre a la vista, es el primer lugar donde se refleja el estrés. Tanto si se trata de un niño peleándose con las sumas como de un adulto en un atasco de tráfico camino de una reunión crucial, el malestar emocional o físico será inmediatamente visible en los pliegues y arrugas que se marcan entre la raíz del pelo y el cuello.

Todos los rostros responden de forma similar, pero la diferencia con el niño o el adolescente estriba en que su piel vuelve con facilidad a la posición original al desaparecer el problema. La piel adulta, a la que le faltan tejidos flexibles, se aferra al estrés y lo empapa profundamente en la dermis. La disminución de flujo sanguíneo y drenaje linfático, causada por la repetición de situaciones de estrés, se trasluce no sólo en palidez e hinchazones, sino también en una regeneración más lenta de las células cutáneas.

Si añades a todo esto las consecuencias más generales y a largo plazo del estrés –aumento de la presión sanguínea y el colesterol, reducción del metabolismo y la inmunidad, desequilibrio del azúcar en la sangre y depresión–, verás cómo el estrés agrega años a tu cuerpo.

Si las consecuencias del estrés son complejas, la solución es simple: relájate. Pero ¿cómo? Parece muy fácil, pero a la mayoría se nos escapa la auténtica relajación. Nos dejamos caer en una butaca, con lo que tensamos la espalda; ponemos la televisión, que nos cansa los ojos; tomamos una taza de café, que acelera la presión sanguínea...

Intentar relajarse, del modo que sea, es una contradicción. Lo que necesitamos son técnicas que nos ayuden a liberar la tensión cuando empieza a manifestarse. Muchas técnicas eficaces, como el yoga y la meditación, pueden aprenderse y practicarse en casa. A menudo sólo se necesita una simple ayuda –una almohada, un poco de incienso, música de meditación– y un poco de paz y tranquilidad. Algunas personas necesitan la ayuda de un terapeuta profesional.

Algunas terapias, como el *lifting* facial que se hace con la punta de los dedos, se aplican directamente en la cara. Otras, como la reflexología, afectan a la cara a través de otras partes del cuerpo. Otras buscan una relajación completa que repercutirá en la cara al tranquilizar el sistema nervioso. Una sesión de tratamiento quizá no resulte barata, pero ¿tienen precio la paz de espíritu y un cutis resplandeciente?

Por tanto, hazlo tu sola en casa o ponte en manos de un terapeuta. De cualquier forma, aprende a relajarte, revive y rejuvenece.

Combate el estrés

El estrés cotidiano forma parte de la vida de casi todo el mundo y la única solución es aguantarse. Pero esto no reduce las causas del estrés, o sea que lo mejor es aprender a dominarlo.

Antes de empezar alguna técnica especial, intenta reducir el estrés de tu vida con algunas medidas sencillas y de sentido común.

En primer lugar, haz una lista de todo lo que te provoca estrés e intenta pensar en la forma de solucionar los problemas. Los dilemas sin resolver, reforzados por la falta de energía, constituyen la mayor causa de estrés de nuestra vida. Siempre existe una solución, aunque quizá necesites un buen amigo o un consejero profesional que te ayude a identificarla.

En nuestra sociedad, la falta de tiempo es una fuente de estrés cada vez más habitual. ¿Cómo vas a llevar a los niños al parque después de la escuela cuando tienes que volver a casa corriendo para preparar la cena? ¿Cómo vas a sacar tiempo para tener relaciones sexuales si estás viendo la televisión hasta medianoche?

Para limitar, si no eliminar, el estrés causado por estos conflictos de intereses, toma estas palabras como lema: prioriza, delega y elimina. Descubre lo que es realmente importante para ti y lo que de verdad tienes que hacer. ¿Cuántas de las tareas de la lista puede hacer otra persona? Tacha las cosas que no son esenciales. Deja de planchar las sábanas, compra un par de comidas preparadas, rechaza la invitación no deseada de visitar a unos familiares. Entonces quizá tengas tiempo y espacio para relajarte.

Relájate y revive

Para conseguir un estado de relajación total y mantenerte despierta, al principio necesitas una cierta conciencia. Es, en cierto modo, como la tabla de ejercicios: en cuanto experimentes el alivio diario que te proporciona, se convertirá en una costumbre difícil de romper.

Algunos de los métodos más efectivos de relajación consciente tienen una larga historia que se remonta a miles de años. El yoga, la meditación y la visualización son tres de estos métodos que pueden practicarse como disciplinas individuales o combinados en tu propio programa de relajación. Lo mejor es aprenderlos con un profesor, que puede guiarte con los detalles: forma de respirar, ritmo, postura... Si no tienes tiempo ni dinero para ello, consigue una cinta o un vídeo de autoayuda. La meditación es probablemente lo más fácil de intentar en casa sin ninguna instrucción previa.

Relajación profunda

Échate de espaldas con una almohada delgada debajo de la cabeza. Estira los brazos a los lados con las palmas hacia arriba. Relaja el cuerpo, miembro a miembro. Empieza por los pies, flexionando los dedos y soltándolos; describe círculos con los tobillos y después suéltalos. Relaja los músculos de las pantorrillas y después los muslos. A continuación, hunde la columna vertebral en el suelo y siente cómo se van soltando los músculos abdominales. Sigue el mismo patrón de los pies con las manos. Suelta primero los brazos y después los hombros. Alarga el cuello y relájalo.

Ahora concéntrate en la cara. Siente la frente totalmente lisa, los ojos cerrados, la boca relajada y la respiración profunda desde el diafragma. Inspira lenta y profundamente. Aguanta la respiración. Espira lentamente. Repite el proceso, concentrándote sólo en la respiración, hasta que sientas los miembros flojos, los párpados pesados y pocas ganas de moverte, ni siquiera un centímetro.

Meditación

En cuanto hayas logrado descansar profundamente con esta posición básica, introduce algo de meditación. Esto no significa que enseguida intentes zambullirte en un mayor nivel de conciencia del mundo «Om». Para empezar, puedes elegir cualquier palabra o sonido que te guste; los «mantras» más efectivos tienden a ser monosilábicos o bisilábicos y ponen énfasis en las vocales. La idea es que repitas la palabra o el sonido hasta que hayan salido de tu cabeza todos los pensamientos conscientes.

Los pensamientos no dejarán de entrar y salir: pásalos por alto y vuelve siempre a tu «mantra». Concéntrate también en la respiración. Finalmente, los pensamientos conscientes desaparecerán y dejarán paso a una liberación física. Los hombros y la mandíbula suelen ser los primeros en caer. Tras un poco de práctica, deberías sentir que la tensión se libera de tu cara. Quizá descubras que algunas partes de tu cuerpo se entumecen. Disfruta de estas sensaciones, dejando que el mantra resuene en tu cabeza.

Si te resulta útil, introduce un poco de visualización. Piensa en un río tranquilo por el que discurren tus preocupaciones, en una luz cálida y rosada que envuelve tu cuerpo o en tu tensión alejándose en una nube sobre tu cabeza –cualquier imagen gráfica que te ayude a imaginar que el estrés se absorbe y elimina–. Lo estás utilizando como técnica de relajación, no como religión o credo. Hazlo cuando puedas, todo el tiempo que te lo puedas permitir: apreciarás más sus beneficios.

Ejercicio

Hacer ejercicio parece una actividad diametralmente opuesta a la relajación, pero es un atajo para llegar a ella. El ejercicio, además de activar la circulación y aumentar el suministro de sangre a la piel (véanse las páginas 78-79), quema los residuos de los productos químicos del estrés en el cuerpo generando la producción de hormonas que crean buenas sensaciones, como las endorfinas, que inducen a la relajación.

Elige el ejercicio que te resulte más atractivo: caminar, correr, montar a caballo o en bicicleta, jugar al tenis, saltar a la comba, o bien subir y bajar escaleras. Estas actividades no sólo musculan el corazón y los miembros, sino que aumentan el suministro de oxígeno, nutriendo la piel y haciéndote sentir más despierta. Para ver los resultados, sólo necesitas 30 minutos de tres a cinco veces a la semana.

Haz ejercicio regularmente, si puede ser al aire libre. No lo hagas como un imperativo moral (ni siquiera cosmético) y no te excedas, porque entonces tendrás ganas de dejarlo y de tumbarte a la bartola.

Será un alivio para la lectora menos atlética saber que ni siquiera necesita salir de casa para beneficiarse del ejercicio. Dos buenas formas de hacerlo, que a menudo se olvidan, son reírse y tener relaciones sexuales.

La risa acelera la respiración, aumenta la absorción de oxígeno de la sangre, hace brillar los ojos al estimular las glándulas lacrimales, ejercita los músculos del estómago y hace trabajar los músculos faciales de una forma que incrementa el flujo sanguíneo al cerebro, todo ello utilizando diez calorías por minuto. Diez segundos de buenas carcajadas pueden aumentar la frecuencia cardíaca al mismo nivel que diez minutos de remo. De forma parecida, las relaciones sexuales activan la circulación y disparan la liberación de opiatos en el cerebro.

Aunque ejerzan sus beneficios por medios radicalmente diferentes, las relaciones sexuales y la risa tienen en común que hacen trabajar el sistema nervioso parasimpático, disparando la liberación de hormonas relajantes e induciendo a la tranquilidad posteriormente. ¿Se puede pedir más de una forma de ejercicio tan placentera?

Dormir

¿Hay algún estado más natural que el sueño? Los recién nacidos duermen unas 23 horas al día y las personas mayores son incapaces de resistirse a una siestecita. Sin embargo, en las décadas intermedias, la mayoría perdemos la habilidad innata de dormirnos en cualquier parte.

Esto tiene tanto que ver con nuestra forma de vida como con los cambios fisiológicos, o sea que puedes ponerle remedio. Los expertos han observado que cada día dormimos menos. Se calcula que nuestras horas de sueño han disminuido 25 minutos en los últimos años. Esta privación se ve más en la cara que en ninguna otra parte, en bolsas u ojeras bajo los ojos, en párpados caídos o en un cutis marchito o pálido.

Si te ves con estos rasgos indeseables, puedes estar segura de que no eres la única. La cantidad de gente que busca ayuda por problemas de insomnio nunca ha sido tan alta. La tendencia ha hecho nacer la especialidad de «medicina del sueño», que intenta controlar el patrón de sueño del paciente y diagnosticar el problema, desde fuertes ronquidos hasta incapacidad para desconectar. Pero a menos que tu problema sea agudo, harías bien en adoptar un código que se conoce como «higiene del sueño». Si tu estado no ha mejorado después de quince días, necesitarás ayuda profesional.

El sueño relaja el cuerpo y regenera las células dañadas y cansadas, de la cara a los pies, o sea que adhiérete a las siguientes normas para aumentar tu cuota.

• Vete a la cama y levántate más o menos a la misma hora todos los días.

• Evita el alcohol, el tabaco y las bebidas con cafeína antes de irte a la cama.

• Deja todos los papeles o libros relacionados con el trabajo fuera del dormitorio.

• Mantén el dormitorio bien ventilado.

• Dedica tiempo a desconectar antes de meterte en la cama.

• Quema un aceite esencial sedante en la habitación.

• Evita comer mucho por la noche.

• Si no puedes dormir, siéntate y lee hasta que te pesen los párpados. Después, cuando estés echada, adopta la postura básica de relajación del yoga para intentar adormecerte otra vez.

Puedes hacer mucho para ayudarte a ti misma a relajarte. Pero cualquier persona sabe que no hay nada más relajante que abandonarse en manos de alguien en quien pueda confiar. Las siguientes terapias, realizadas por un especialista experimentado, pueden levantarte el ánimo tanto como la cara.

Lifting facial con la punta de los dedos

Este *lifting* facial fue concebido como una alternativa natural a la cirugía cosmética. Como tal, no es agresivo ni doloroso. Además, resulta muy relajante.

El único instrumento que utiliza el especialista son los dedos. Se aplica una especie de masaje muy suave para incrementar la movilidad del tejido conectivo, liberando tensión en la gelatina de la «sustancia base» que llena el espacio entre las fibras elásticas. Los especialistas dicen que cuando la gelatina es dura, la piel se pega a las capas de tejido que rodean el músculo y el hueso de abajo. La movilidad facial disminuye y las arrugas se quedan grabadas.

Con una delicada manipulación de la piel, los especialistas pretenden despegar la gelatina y liberar el músculo y el tejido conectivo, ablandando y revitalizando el cutis. Algunos terapeutas incorporan al tratamiento elementos de digitopuntura y drenaje linfático manual para potenciar sus efectos.

Bien realizado, puede quitarte años de encima, tanto porque libera el estrés como porque deja la piel más relajada y flexible. Como ocurre con casi todos los tratamientos profesionales, necesitarás varias sesiones para que el efecto sea algo más duradero. Los terapeutas también insisten en la importancia de beber mucha agua para mantener el tejido conectivo blando e hidratado.

Digitopuntura

La digitopuntura se basa en los mismos principios que la acupuntura. Los dos sistemas responden a la idea de que la energía, denominada «chi» o «qi», fluye por el cuerpo a lo largo de canales de energía invisibles, conocidos como meridianos. En éstos se encuentran los «digipuntos». Si hay un bloqueo en un punto, la energía no puede fluir. Esto ocasiona problemas en otros puntos de la línea y el problema se extiende a todas las zonas del cuerpo hasta que se libera el bloqueo.

La única diferencia con la acupuntura estriba en que, en lugar de estimular el flujo entre los puntos pinchándolos con agujas, la digitopuntura trabaja con la presión de los dedos.

Al favorecer una buena circulación sanguínea y aliviar el estrés, revitaliza la piel y ayuda a prevenir las bolsas bajo los ojos y las arrugas alrededor de éstos y en la frente. También alivia el dolor de cabeza y la jaqueca, que producen muchas frentes arrugadas.

En un tratamiento profesional, el digitopuntor puede centrarse en algunos puntos de presión bastante distantes de la cara, que se conectan a través de los meridianos. Pero como la cara está al «final» del cuerpo, es el comienzo y el final de muchos caminos de los meridianos y es rica en digipuntos que tú misma puedes presionar.

Por tanto, en cuanto hayas hecho una sesión o dos de digitopuntura, deberías poder adaptar el sistema para aplicártelo a la cara en tu casa. El efecto no será tan completo, pero sentirás –y más importante, verás– los beneficios.

Autotratamiento

Sólo necesitas 5 o 10 minutos para ti sola. Pon el contestador, retírate el maquillaje, quítate las lentillas y siéntate frente a un espejo. Trabaja los digipuntos principales, que aparecen en la página siguiente, avanzando desde la línea del pelo hacia el cuello.

Los puntos se sienten como pequeñas hendiduras bajo la piel y pueden parecer más blandos o pegajosos que el tejido circundante. Son fáciles de identificar porque cada uno de ellos tiene una zona en la que la punta del dedo encaja perfectamente. Ejerce una presión entre suave y media, teóricamente de 1,5 kg; puedes experimentarla utilizando antes una balanza de baño. Trabaja con movimientos circulares, evitando los tirones de la piel. Para un toque más ligero, utiliza el dedo corazón, que es más débil que el índice.

Existen muchos puntos de digitopuntura en la cara y en el cuello pero, para simplificar el autotratamiento, concéntrate en las diez parejas principales o en los que se muestran aquí. Elige los que están alrededor o cerca de las arrugas, los pliegues u otros signos de envejecimiento incipiente, y observa las siguientes reglas:

• Frota y sacude bien las manos para calentarlas y sensibilizarlas.
• Aumenta y disminuye gradualmente la presión al comienzo y al final de cada movimiento.
• Presiona durante un máximo de siete segundos. Si te sientes incómoda, probablemente es que hay un bloqueo y el malestar debería disminuir con el tiempo. Pero, si te duele, déjalo.

Donde tu piel empiece a mostrar arrugas, trata los puntos relevantes tres veces por sesión.

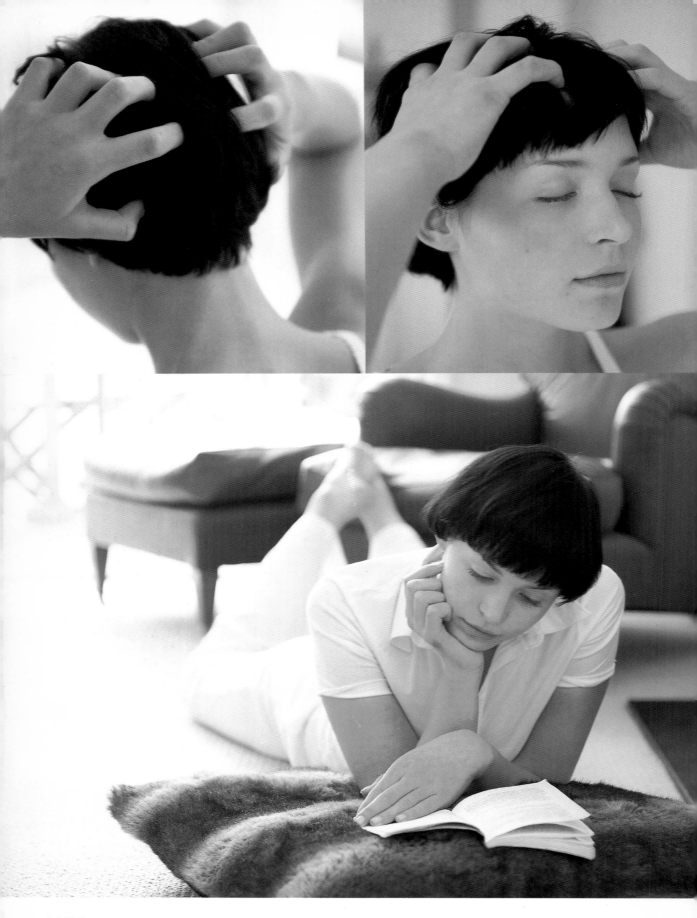

Masaje ayurvédico

La antigua tradición curativa del ayurveda, que significa «conocimiento de la vida», se considera en su país de origen, la India, como un anteproyecto para una vida sana. Cubre todos los aspectos de la propia vida física y espiritual, y está diseñada para recuperar la armonía y la vitalidad del cuerpo.

Lo consigue incorporando diversas disciplinas naturales, como el herbalismo, la desintoxicación, las dietas nutritivas, el yoga y la meditación. La medicina ayurvédica reconoce tres fuerzas vitales que fluyen por el cuerpo: *vata*, *pitta* y *kapha* (que se pueden traducir como viento, fuego y moco). Estas tres «biofuerzas» se conocen como tridoshas y constituyen la base del diagnóstico y el tratamiento.

El especialista evalúa el tipo de constitución y el estado de equilibrio leyendo «las pulsaciones» –un sistema de 12 posiciones en los pulsos arteriales de las muñecas– para comprender el equilibrio de las tres biofuerzas en la constitución general y en varios órganos. También efectúa un análisis visual, que abarca la lengua, las uñas, los ojos, la cara y la piel.

El tratamiento puede incluir masaje con aceites apropiados y preparados de hierbas. Una técnica que generalmente beneficia a la cara es el shirodhara, en que después de masajear la cabeza se pulveriza la frente con aceite tibio. Si se realiza de forma regular por espacio de más de una hora, tiene un efecto relajante único. Para problemas de la piel agudos o a corto plazo, los preparados de hierbas ayurvédicos resultan muy eficaces, pero han de ser prescritos por un terapeuta experimentado.

Masaje indio en la cabeza

Esta forma especializada de masaje ayurvédico del cuero cabelludo, que también recibe el nombre de *champissage*, lo emplean tradicionalmente las mujeres indias para tener el pelo sano y lustroso. Los expertos atribuyen el aumento de la incidencia de las canas prematuras y la calvicie a la tensión en la cabeza, que limita la nutrición de los folículos del pelo. Su forma de masajear la cabeza, que se concentra en los puntos «marma» del cuero cabelludo, parecidos a los puntos de digitopuntura, pretende aliviar la tensión.

Su efecto sobre la cara es igual de marcado, porque la tensión de los músculos del cuero cabelludo se transmite automáticamente a los músculos faciales. Al relajar la capa fina del músculo que cubre la cabeza, un masajista profesional mejora el flujo sanguíneo tanto del cuero cabelludo como de la cara.

El terapeuta ayurvédico masajea los hombros y la cabeza durante 30 minutos, alternando movimientos firmes y suaves, y utilizando un aceite tibio que se ajuste al tipo de constitución del paciente. Si cargas mucha tensión en el cuero cabelludo, lo que es bastante común, puedes tener dolores de cabeza al liberarla. Pero la suavización visible de los contornos faciales, combinada con el sueño más profundo que provoca normalmente un masaje indio en la cabeza, debería hacerte sonreír enseguida.

Drenaje linfático manual

Suena más a un procedimiento médico agresivo que a un tratamiento de belleza. De hecho, se trata de un mimo delicioso, de un suave masaje de bombeo. Pretende drenar los centros linfáticos de los residuos no deseados que han resistido a la eliminación a través de los canales normales. De otro modo, estos residuos permanecerían en el cuerpo, contribuyendo a una palidez grisácea, unos ojos cansados, una piel hinchada y flaccidez.

Como ya se ha descrito (véanse las páginas 76-77), el trabajo que realiza el sistema linfático depende de las contracciones de los músculos del cuerpo. Si se le deja a su aire, puede tardar horas, o días, en limpiar el organismo de residuos; mientras tanto, el líquido sobrante se acumula bajo la piel, manifestándose en bultos y bolsas. Al masajear el tejido blando y el músculo, se acelera la eliminación de las toxinas líquidas.

El drenaje linfático manual puede realizarse en todo el cuerpo –abarcando los nódulos linfáticos de las axilas y la mitad inferior del tronco– o sólo de los hombros para arriba. Los diversos nódulos linfáticos de la cabeza son responsables del drenaje linfático de partes de la cara, el cráneo y el cuello.

Probablemente, el terapeuta te hará el historial antes de empezar a tocarte. Pero cuando lo haga, verás cómo te derrites en la camilla. Es difícil de creer que algo tan eficaz sea tan infinitamente relajante (no como una dieta de desintoxicación o una ducha fría).

Utilizando una serie de movimientos –de barrido, amasamientos, golpecitos y presiones, entre otros–, el terapeuta aplicará presiones para dirigir el líquido linfático hacia el nódulo linfático más cercano y acelerar la eliminación de residuos. Los movimientos varían desde una presión profunda hasta un toque tan ligero que apenas se nota.

No esperes librarte de un pequeño sermón. El drenaje linfático manual es una técnica holística y, por tanto, sus efectos se aprecian a largo plazo si tus hábitos concuerdan con las necesidades de tu cuerpo. El terapeuta probablemente te aconsejará que dejes el tabaco y el alcohol, por poner un ejemplo, dos de los peores enemigos del sistema linfático y, en consecuencia, del cutis.

Irrigación del colón

El lavado o hidroterapia del colon es la irrigación del intestino grueso con agua y una ligera presión. Este procedimiento elimina el material fecal atascado en el colon.

Se inserta un tubo blando y flexible en el ano y se introduce en él agua tibia, que descompone y diluye los residuos que pasan por el mismo tubo. El flujo del agua arrastra las heces, los gases, el moco y las bacterias que crecen en las heces descompuestas. Los aficionados a la irrigación del colon afirman sentirse inmediatamente más ligeros y limpios y se observan un cutis muy mejorado al cabo de un día o dos. Es importante beber varios vasos de agua antes y después de una sesión de irrigación del colon, pero a estas alturas ya estarás acostumbrada.

Reflexología

La reflexología, a veces conocida como reflexoterapia, es un tipo de masaje de los pies. Se basa en el principio de que hay reflejos o canales de energía en los pies que se relacionan con todos los órganos y funciones del cuerpo. Al presionar estos puntos reflejos, los terapeutas creen que los canales de energía de las zonas correspondientes se abren, recuperando el flujo sano de energía por todo el cuerpo. Los músculos, incluidos los de la cara, se relajan, y se estimulan las capacidades curativas inherentes al cuerpo.

La ansiedad y el estrés responden muy bien al tratamiento con reflexología, al igual que los dolores de espalda y cabeza, la jaqueca, la sinusitis y los problemas circulatorios, todos los cuales se manifiestan claramente en la cara.

Después de hacer el historial, el terapeuta presiona los puntos de los pies con el pulgar, variando la intensidad. Se centrará en cualquier zona que parezca blanda, porque esto indica las partes del cuerpo que necesitan curarse.

Algunas personas experimentan que el cuerpo sufre una desintoxicación como resultado de un tratamiento y, durante algún tiempo, tienen dolor de articulaciones, diarrea o granos en la cara. Así pues, deja para más adelante tus compromisos sociales y piensa que esto es una buena señal.

Osteopatía craneal

La osteopatía craneal, también conocida como tratamiento craneosacral, pretende liberar el tejido conectivo torcido y las estructuras compactadas bajo la piel, restaurando los ritmos internos y naturales del cuerpo. Con una suave manipulación del cráneo, intenta ayudar al cuerpo a recuperar la forma original y óptima. En los adultos es particularmente útil para el dolor de cabeza, la jaqueca, los problemas dentales y circulatorios, el cutis pálido o marchito y las dificultades de eliminación. La osteopatía craneal también se utiliza para tratar el insomnio, la inquietud y las infecciones, que pueden afectar igualmente a la piel.

El sistema craneosacral es el centro de la vida física. Consiste en membranas que rodean el sistema nervioso central (el cerebro y la médula espinal); los huesos del cráneo y el sacro, que están unidos a estas membranas; la fascia que irradia de estas partes hacia el cuerpo, envolviendo los nervios y las vías nerviosas, y el líquido cerebroespinal. Los terapeutas creen que este líquido, que se transmite de su reserva en el sistema nervioso central a todo el cuerpo por vías neurológicas, tiene una gran energía curativa.

Para reequilibrar los ritmos craneales, como se denominan, el terapeuta coloca las manos muy suavemente sobre el cráneo y otras partes del sistema esquelético. Esto le permite identificar las zonas de restricción o tensión y seguir los vericuetos sutiles internos del sistema craneosacral hasta que encuentra los puntos de resistencia y los libera. El tratamiento craneosacral es, en general, reconfortante y produce una profunda sensación de bienestar.

Algo por lo que sonreír

No tiene mucho sentido conseguir un cutis terso y resplandeciente si no luces una sonrisa a juego. Para evitar tener unos dientes deteriorados o descoloridos, hazte revisiones dentales periódicas y una limpieza dental al menos cada seis meses –más a menudo si eres fumadora o bebes vino tinto porque estas dos costumbres tiñen el esmalte dental–. Sonreirás más si tienes los dientes brillantes y sustituyes los viejos empastes grisáceos por otros nuevos y blancos.

Si eres una de esas personas con fobia a los dentistas, intenta la hipnoterapia para superar la ansiedad.

Cepíllate los dientes por la mañana y por la noche, preferiblemente con hilo dental y un cepillo eléctrico. El azúcar sólo tarda unos minutos en atacar el esmalte, por lo que deberías llevar encima un cepillo de dientes durante el día para poder cepillártelos después de comer algo dulce.

Tratamientos adicionales

Existen muchos otros tratamientos que puedes probar para revitalizarte el cuerpo de la cabeza a los pies. Los que más prometen ejercer algún efecto sobre el cutis son: el método Bates, las flores de Bach, el reiki, la técnica de Alexander, el yoga, el entrenamiento autogénico, la acupuntura y el rolfing.

Ríete

Una cuidadosa atención a los dientes mejorará tu sonrisa una temporada. El ejercicio constante y un programa de masajes que engañe al tiempo te proporcionarán una razón para sonreír más a menudo. Pero, en definitiva, la belleza es algo más que la piel. Si quieres parecer joven, no olvides reírte. La risa hará que tus «corrugaciones dermatológicas» más prominentes sean esas irresistibles arruguitas que a todos les encantan...

índice

agradecimientos

Agradezco a los especialistas Sophie Parsons, Sebastian Parsons y Jeanette Leikauf, de la empresa de productos para la piel del doctor Hauschka, su asesoramiento acerca de los ejercicios faciales (páginas 46-69), y a Germaine Rich, de Aromatherapy Associates, el suyo sobre masaje facial (páginas 20-45). Mi agradecimiento también a esta empresa por autorizarme a basar los ejercicios faciales que se incluyen aquí en los utilizados en el libro de gimnasia facial del doctor Hauschka.

Direcciones útiles

Curhotel Hipócrates
(Terapias naturales)
Ctra. de Sant Pol, 229
17220 Sant Feliu de Guíxols
(Girona)
Teléfono 972 32 06 62

Mas Serinyà
(Macrobiótica y aikido)
17457 Campllong (Girona)
Teléfono 972 46 12 67

Clínica Buchinger
(Ayuno terapéutico)
Avda. Buchinger s/n
29600 Marbella (Málaga)
Teléfono 95 277 27 00

Clínica Guang An Men
(Medicina tradicional china)
Ferrocarril, 16-18
28045 Madrid
Teléfono 91 528 42 96

Instituto de Acupuntura y Fitoterapia
Tradicional China
Churruca, 18, bajos
28004 Madrid
Teléfono 91 523 12 00

Instituto Ayurvédico de Estudios Védicos de España
Músico Ginés, 31, puerta 28
46022 Valencia
Teléfono 96 355 31 99

Centro de Yoga Sivananda
Eraso, 4
28028 Madrid
Teléfono 91 361 51 50

Fundación Meditación Trascendental
Guzmán el Bueno, 66
28015 Madrid
Teléfono 91 300 34 91

Asociación de Estudios Geobiológicos
Apartado de correos 11.041
46080 Valencia
Teléfono 96 395 19 59

Mandala
(Biodanza)
Cabeza, 15, 2º
28012 Madrid
Teléfono: 91 372 16 53